Bernhard Meuser

Lieber Hosenträger als gar keinen Halt im Leben

Bernhard Meuser

Lieber Hosenträger als gar keinen Halt im Leben

... nebst 13 weiteren Methoden, den Sinn des Lebens zu finden

PATTLOCH

Umschlaggestaltung: ZERO Werbeagentur, München
Umschlagabbildung: FinePic®, München
Satz: Adobe InDesign im Verlag
Druck und Bindung: Offizin Andersen Nexö, Leipzig
Printed in Germany
ISBN 978-3-629-02257-8

2 4 5 3 1

Bitte besuchen Sie uns im Internet:
www.pattloch.de

Mit Sand kann man
viele hübsche Dinge tun;
nur sollte man keine Häuser
darauf bauen.
C. S. *Lewis*

Wenn durch einen Menschen
ein wenig mehr Liebe und Güte,
ein wenig mehr Licht und Wahrheit
in der Welt war, dann hat
sein Leben einen Sinn gehabt.
Alfred Delp

Inhalt

Lieber Hosenträger

als gar keinen Halt

im Leben

Kleine Vorrede auf den Sinn des Lebens

Stellen Sie sich vor, die Sprecherin der Abendnachrichten würde an der Stelle, an der die Verwendung des Wörtchens »übrigens ...« ankündigt, dass nun noch ein erheiterndes Schmankerl der Genforschung, ein Betthupferl der Statistik oder eine VIP-Kuriosität fällig ist – sie würde also an dieser Stelle davon sprechen, die Wissenschaft habe übrigens jetzt den *Sinn des Lebens* herausgefunden; es handle sich um eine ganz einfache Formel:

»Seien Sie nett zu anderen Menschen,
vermeiden Sie fettes Essen,
lesen Sie gute Bücher,
gehen Sie spazieren,
und versuchen Sie mit anderen Menschen
in Frieden zu leben.«

Die Szene kommt Ihnen bekannt vor? Dann haben Sie ein gutes Gedächtnis. Es handelt sich um die Schlussszene eines Kinofilms von 1983: Monty Pythons »The Meaning of Life« – »Der Sinn des Lebens«. Mehr als ein paar banale Allerweltsrezepte seien dazu nicht beizubringen, meint Monty Python. Für Monty ist die Frage nach dem Sinn des Lebens ein Witz. Das Leben ist belanglos, eine unsinnige Veranstaltung. Der eigentliche Sinn und Zweck unseres Daseins bleibt uns verborgen. Wir werden dumm geboren und sterben dumm. Als instinktreduzierte Wesen sind wir nicht einmal sehr gut an unsere Umwelt angepasst. Freilich haben wir einen großen Kopf, mit dem wir einiges wettmachen können. Wir können uns pragmatisch in der Welt einrichten, können uns beispielsweise sinnreiche Schutzvorrichtungen bauen, die uns vor den Unbilden der Witterung schützen. Wir können hochrechnen, was in der Zukunft passiert, können deshalb Vorsorge treffen und Vorratswirtschaft betreiben. Aber zum Warum und Wozu des Lebens gibt es nirgendwo eine Auskunft. Das ändert aber nichts am Wetter, dem Wechselkurs und der Magenfunktion. So nimmt man das Ganze am besten mit Humor und verwendet seine intellektuellen Kräfte auf eine gute Verdauung.

Was der Sinn des Lebens ist, interessierte die Menschheit schon vor dem gleichnamigen Film von Monty Python. Aber selten wurde darüber mehr gelacht. Man kann das schön oder erschreckend finden. Dieses kleine Buch ist an einigen Stellen auch zum Lachen, an den meisten allerdings zum Nachdenken. Es bietet gewissermaßen *Philosophie light*, wird jedoch hoffentlich mehr sein als eine amüsante tour de force durch die abendländische Denk- und Religionsgeschichte von Aristoteles bis John Lennon. Es beginnt beim Staunen über das Hirnschmalz, das seit geraumer Zeit eine Garde von Intellektuellen aufwendet, um der Mensch- und insbesondere der Christenheit zu erklären, wir lebten in einem sinnlosen Universum, es gebe keinen erkennbaren Sinn und habe nie einen gegeben; wer an die Geltung der Vernunft, sinnvolle, allgemeinverbindliche Forderungen jenseits pragmatischer Absprachen und überhaupt einen sinnvollen Zusammenhang aller Dinge glaube, der hänge einem irrationalen Mythos an, sei gar ein Fundamentalist, dem es um die Herrschaft über die Wörter, die

Gedanken, die Köpfe, die Deutungshoheit und letztlich die Ölquellen gehe usw. Nun ist der Autor ein notorischer Anhänger der Vernunft. Er glaubt an die Möglichkeit von Wahrheit und sogar an ihre Erkennbarkeit. Außerdem ist er jemand, der sich diebisch an allem freut, was – etwas gegen den Trend – sinnvoll ist, Sinn hat und solchen stiftet. Dumpfe Sinnhuberei hingegen nimmt er vorsätzlich auf die Schippe.

Ich möchte mit einem Bekenntnis beginnen: Ich mochte den *Sinn des Lebens* lange Zeit nicht besonders. Als Kind kannte ich das Wort Sinn gar nicht. Ich hätte auch keinen Gebrauch dafür gehabt. Im Elternhaus, einem Arbeiter- und Bauernhaushalt im Rheinhessischen, gab es keine Gespräche über den Sinn des Lebens. Wir hatten alle Hände voll zu tun. Erst am Gymnasium spielte *Sinn* eine Rolle. Im Fach Physik gab es sinnvolle und weniger sinnvolle Versuchsanordnungen. Aber das schien nicht gemeint zu sein mit dem gleichlautenden Wort, das ein bestimmter, mir wenig sympathischer Lehrer wie eine Monstranz vor sich hertrug. Doktor G. vertrat das Fach Religion. Dieser Doktor G. nun war ein engagierter Anwalt des »Sinns im Leben«. So etwas, erfuhren wir, müsse jeder Mensch haben, sonst sei er irgendwie nicht komplett. Wer sich der Sinnfrage nicht stelle, lebe *uneigentlich*, also quasi gar nicht. Dem Sinnverächter drohte Sinnverlust, gar die Sinnkrise. Oha!

Gegen Sinn konnte man im Ernst nichts haben. Sinn war demnach ein ernstes Wort, das sich mit einem Schwarm honorabler Ableitungen umgab: sinnig, sinnvoll, sinnreich, sinnbezogen, sinnorientiert, sinnhaft. Es gab auch einen »Bankert«, der eigentlich nicht zur Familie gehörte: das

Wort sinnlich. Nun hatte ich immer schon eine Art erotisches Verhältnis zu Wörtern, weshalb mir *sinnlich* besser gefiel als *Sinn*. Es gab Wörter, die ich mochte, weil sie eine Aura hatten, weil ich sie prickelnd fand oder weil ein bestimmter würziger Geruch an ihnen hing; aber es gab auch Wörter, die ich mied, weil sie mir unattraktiv, schwindsüchtig, tot erschienen. »Sinn« war so ein Skelett von Wort. Das Wort knarzte im Mund von Herrn Oberstudienrat Doktor G.

Die Abneigung gegen das Wort blieb mir lange, eigentlich bis ins Studium hinein, wo *Sinn* gerade en vogue zu sein schien. *Die Lösung der Sinnfrage* schnurrte nur so durch die Programme von Seminaren, Bildungseinrichtungen und Akademien. Einige Zeitgenossen hatten Sinn, andere nicht, was sie gelegentlich »bekümmerte«. Sie trugen schwarze Hornbrillen und verständigten sich über Beckett und Sartre. Ein existenziell-geschäftiges Sinngesumse machte sich breit, über das sich der eine oder andere auch belustigte, Adorno etwa, in seinem genialen »Jargon der Eigentlichkeit«. Ein Philosophiedozent, erinnere ich mich, lächelte maliziös: *»Sinn«* ... nun ja, sei nicht gerade ein philosophisches Urwort, vielmehr eines, das so recht erst im 19. Jahrhundert in gewissen Schwang gekommen sei. »Reden wir von der Vernunft, der Logik, den Begriffen!« Der Mann gefiel mir.

Ich hatte seither mehrmals Gelegenheit, mir in sehr persönlicher Hinsicht die Frage zu stellen, welchen Sinn mein Leben hat. Die dunklere Hälfte meines Lebens kennt Scheitern, Verletzungen, Übergriffe, Abstürze, Zurücksetzungen, verlorenes Geld, zusammenschmelzende Zeit, vergebliche Mühen. Wie jeder normale Mensch habe ich mich von Zeit zu Zeit gefragt, wozu *das Ganze gut ist*, wozu *ich gut bin*, wozu *ich da bin*. Mancher findet solche Fragen lächerlich. Ich halte sie für legitim, je geradezu für das, was Menschen menschlich macht. Die akademischen Traktate über den Sinn des Lebens haben mir allerdings bei ihrer Beantwortung nicht geholfen. Wissenschaft löst nichts. »Wir fühlen, dass selbst wenn alle möglichen wissenschaftlichen Fragen beantwortet sind, unsere Lebensprobleme noch gar nicht berührt sind. Freilich bleibt dann eben keine Frage mehr; und eben dies ist die Antwort. Die Lösung des Problems des Lebens merkt man am Verschwinden dieses Problems«, sagt der Philosoph Ludwig Wittgenstein. Ich verstehe ihn so, dass sinnvolles Leben nicht über intellektuelle Tricks gewonnen wird, sondern über eine andere Art von Leben, in der bestimmte Fragen »aufgehoben sind« im dreifachen Sinn Hegels: a) sie sind auf eine neue Ebene hinaufgehoben, b) sie sind dort *gut* aufgehoben, c) sie sind (deswegen) nicht mehr da. Konkret: Geholfen hat mir die sukzessive Eroberung einer religiösen Einstellung. Denn in der Religion geht es zwar auch ums Denken, aber nicht nur. Vor allem geht es um Liebe – um erfahrene Liebe und die Möglichkeit, Liebe zu schenken, sich hinzugeben, ohne selbst dabei draufzugehen. Wer verliebt ist, stellt bekanntlich selten die Sinnfrage, was ich ganz im Sinn Wittgensteins interpretiere. Eine weitere Erfahrung von Liebe ist die Religion. Deshalb möchte ich sie, auch wenn viele Menschen sie für eine Fiktion halten, aus diesem Büchlein nicht ausklammern. So werden diese Zeilen eine hoffentlich erfrischende Mischung aus Psychologie, gesundem Menschenverstand, Philosophie *und* Theologie sein. Ich bin, was Philosophie und Theologie angeht, mit dem weitaus größten Teil der abendländischen Philosophiegeschichte der Meinung, dass sich beides herrlich miteinander verträgt. Ein paar moderne Dissidenten gibt es auch, sie kommen ebenfalls zu Wort. Überzeugend finde ich sie nicht.

Im Vorfeld dieses geistigen, menschlichen Landgewinns existierte die Vermutung, mein Sinn, meine Idee, mein Masterplan, könne wohl kaum in der Selbstvergötterung, im Design meiner Selbst und der rücksichtslosen Durchsetzung von dem bestehen, was man so gerne »mein Ding« nennt. Dann wäre die Welt ein Laufsteg, Heidi Klum der liebe Gott und das Universum so traurig wie Karl Lagerfelds Sonnenbrille. Der Glaube, Egoismus könnte sinnvoll sein und glücklich machen, kam mir früh abhanden. »Die einzigen wirklich glücklichen Menschen, die ich jemals getroffen habe, sind jene gewesen, die im Dienst an einer Sache aufgingen«, formulierte schon Albert Schweitzer, und Martin Luther King erhöhte noch: »Wenn ein Mensch nichts gefunden hat, wofür er sterben würde, eignet er sich nicht zum Leben.« Der Sinn meines Lebens sollte schon erheblich größer sein als ich.

Etwas – vielleicht war es das Grundvertrauen in die Welt, das mir meine Mutter in die Wiege legte – ließ mich auch davor zurückschrecken, länger als unbedingt erforderlich *sinnlos, aber lustig* zu existieren, wie es Sandra und der Mainstream empfehlen und wie es endlich auch der Vorschlag einiger philosophischer Vordenker ist.

Am Ende dieses kleinen Büchleins hat der Leser nicht nur nähere Bekanntschaft mit einigen Sinn- und Unsinnsphilosophen gemacht – ihm erschließt sich auch, warum man Sinn und Glück eher bei glücklichen Menschen suchen sollte, die sinnvolle Dinge tun, als bei unglücklichen Philosophen, die zu dem Schluss kommen, alles sei sinnlos. Mutter Teresa etwa empfahl: »Lasse nie zu, dass jemand zu dir kommt, der unglücklicher von dir geht, als er gekommen ist.« Ich finde, das ist eine höchst sinnvolle Maxime und einer der Gründe, warum dieses Buch am Anfang von Aristoteles, Platon, Descartes, Kant und Nietzsche handelt, am Ende aber von einer kleinen Frau in Kalkutta, bei der mir nicht nur alle Lichter im Kopf angingen, sondern das Herz aufging.

Lieber Hosenträger

als gar keinen Halt

im Leben

Herrlich sinnfrei!

Wozu der Mensch überhaupt eine Einstellung zu seinem Leben gewinnen sollte, ist nicht unmittelbar einsichtig. In Wilhelm Buschs Bildergeschichte »Plisch und Plum« hieß es: »Aber hier, wie überhaupt / kommt es anders, als man glaubt.« Wozu dann eine Theorie über das Leben?

Hundert Jahre nach Busch erwies sich John Lennon als ebenso tauglicher Alltagsphilosoph, als er 1980 die erfrischende Zeile: »Leben ist das, was passiert, während du eifrig dabei bist, andere Pläne zu machen« in sein Lied »Beautiful Boy« montierte. Die Beatles waren originelle Vorreiter jener modernen Experimentalisten, die sich von der mühsamen Anforderung verabschiedet haben, etwas müsse Sinn und Vernunft haben, damit es mit Recht auf die Bühne der Welt ist. Schon die Beatles verabschiedeten sich mit buntester Unbekümmertheit von überkommenen Auffassungen und Wertvorstellungen, um das Leben in seiner psychedelischen Fülle heranbranden zu lassen und es ungefiltert zu kosten. Mensch, lass das Leben doch erst einmal passieren, bevor du es normierst und zensierst!

Sei offen und ohne Vorurteile! Wenn es zehn Gebote gibt, gibt es auch elf oder gar keine! Binde dich nicht an konventionelle Muster! Erweitere dein Bewusstsein! Das Yellow Submarine schwebte also durchs Universum, und das psychedelisch illuminierte Leben glitt vorüber: lauter bunte Luftblasen, nichts von Bedeutung! Die Beatles waren zwar nicht die Ersten, die an Drogen prinzipiell nichts auszusetzen hatten; und sie waren ungefähr die Ersten, die zum Guru fuhren. Es hatte dies freilich nichts von Bekenntnis, sondern mehr von *Test it!* Man wollte sehen, ob es kickte, wollte schauen, was passierte. Nicht immer gelang das Happening. Shit happens! Na und? Könnte nicht auch an Shit was dran sein? Test it!

Der junge John Lennon war es auch, der im März 1966 dem Christentum den Untergang voraussagte: »Christianity will go. It will vanish and shrink. I needn't argue with that; I'm right and I will be proved right. We're more popular than Jesus now; I don't know which will go first – rock 'n' roll or Christianity.« Im Grunde nahmen die Beatles die Optionen der Postmoderne vorweg: Leben geht auch ohne Sinnbehauptungen, ohne Dogmen, ohne Logik, ohne Werturteile; man kann auch ohne vorgefasste Meinungen und ohne einen Wahrheitsanspruch leben, besonders in einer unüberschaubaren Welt wie der unseren; und man kann dennoch mit Spaß und Entdeckerfreude unterwegs sein, immer optierend für das Offene, Interessante, andere, Unsichere, nicht Festgelegte, spielerisch die Stile mixend. Probier dich aus! Die Welt: ein unendliches Material, Dreck und Gold zugleich. Wir selbst: die Größten.

Eine solche Philosophie, wenn es denn eine Philosophie ist, hat kein Gegenüber im Geist. Das Leben ist das Leben, ist das Leben, könnte man in Abwandlung des bekannten Wortes von Gertrude Stein sagen. Wäre das so, Sydney J. Harris hätte dann ein Recht zu sagen: »Wenn ich jemanden seufzen höre ›Das Leben ist hart!‹, bin ich immer versucht zu fragen: ›Im Vergleich wozu?‹« Die klassische christliche

Antwort auf diese Aussage wäre gewesen: Das Leben ist hart im Vergleich zum verlorenen Paradies und zum Himmel, den wir gewinnen können. Platon hätte darauf geantwortet: Das Leben ist hart im Vergleich zur Idee vom Menschen und dem Wesen des Menschseins, das zu realisieren er berufen ist. Nicht Platon und nicht das Christentum wären jemals auf die Idee gekommen, eine Einschätzung zu propagieren, wie Hermann Hesse sie seinen Jüngern gab: »Wir verlangen, das Leben müsse einen Sinn haben – aber es hat nur ganz genau so viel Sinn, als wir selber ihm zu geben imstande sind.« Hier, bei Hermann Hesse, sind wir an der genauen dogmatischen Quelle jener esoterischen Weltanschauung, in der Menschen die Hoffnung geraubt wird, sie könnten sich an etwas anderes halten als an das, was sie selbst erfunden haben und für erstrebenswert halten. Es gibt keine Orientierung an einem Maß. Das Maß sind wir selbst. Das Leben endet als Tautologie.

Lieber Hosenträger als gar keinen Halt im Leben!

Der Spontispruch hat es in sich. Wer einmal auf dem Münchner Oktoberfest war und den Einzug der Münchner Schickeria mit ihren Möchtegern-Models im Schlepptau, der einschlägigen Politdarsteller im Schulterschluss mit den geduschten und geölten Bayern-Profis, der Wirtschafts-, Film, Verlags- und Presse-Promis mit ihrer geschniegelten Bussi-Bussi-Entourage, der geföhnten Banker samt ihrer dirndeligen Noch-Ehefrauen oder Lebensabschnittsbegleitung (respektive eskortierenden Vorstadtluder) – wer das erlebt hat, der weiß, dass diese Gesellschaft geistig nichts zusammenhält als Mieder und Hosenträger und der Wille zum Spaß. Unter der Maskerade ist alles falsch, von den Brüsten bis zum Parteibuch. Resche Mädels vom Land, aber Koks im Handtäschchen. Zünftige Bauernbuben, aber gedopt bis unter die Haarspitzen. Nur: *Hosenträger* müssen sein!

Denn ohne Hosenträger würden die Lederhosen rutschen. Niemand möchte sich eine Blöße geben, niemand sich outen, dass er ohne Haltung in der Umgebung steht – ohne politische Überzeugungen, ohne Ideale, ohne Prinzipien, ohne etwas, für das sich zu sterben lohnte. Alles nur Camouflage, alles nur Oberfläche, alles nur Show, im blöden Corporate Design einer universalen Travestie. Mir san mir! Nichts Verbindendes mehr als die kollektive Spaßvereinbarung. Teuer verpackte, ethisch und weltanschaulich haltlose Menschen geben sich der Pornographie des Sinnfreien hin. Auf geht's! Die Musi spielt dazu, und die Bunte war dabei. Lieber Hosenträger als gar keinen Halt im Leben!

Sich eine Blöße geben hieße Scham haben. Womit wir bei Aristoteles und mitten in der Philosophie wären: »Man bestimmt sie (die Scham) als eine Furcht vor Schande, und sie betätigt sich ähnlich wie die Furcht vor Schrecklichem: wer sich schämt, errötet; wer den Tod fürchtet, erblasst.« In der Tat gibt es Grund zur Scham. Sich dem Kult der sinnfreien Hingabe an »das eigene Ding« zu ergeben, heißt den Zusammenhang aufkündigen zwischen meinem und deinem Leben, meiner und der nächsten Generation, meinen Möglichkeiten und der Not der anderen.

Das zentrale Problem unserer Zeit heißt Desolidarisierung. Es wird Zeit, dass wir den politischen, den moralischen, den sittlichen Zusammenhang wieder sehen. In einer sinnfreien Welt macht jeder »sein Ding« auf Kosten des Rests der Menschheit. Und du darfst nicht einmal sagen: Es ist obszön.

Am 16. September 1992 wettete ein ungarisch-amerikanischer Investmentbanker namens George Soros im großen Stil gegen das englische Pfund und die italienische Lira. Zu diesem Zeitpunkt war George Soros kein Unbekannter mehr. Schon in den sechziger Jahren hatte Soros mit Hedgefonds unglaubliche Mengen Geld verdient. Seine Geschäfte hatte Soros der amerikanischen Finanzaufsicht entzogen, indem er sie in den Finanzzentren auf den Jungferninseln oder den Niederländischen Antillen tätigte. An diesem Mittwoch aber, im September 1992, hob Soros die englische Währung aus den Angeln und sprengte das europäische Währungssystem. Soros lieh sich immense Mengen an englischen Pfund und tauschte sie in andere europäische Währungen ein. Alle europäischen Zentralbanken stemmten sich mit Macht und gigantischen Transaktionen gegen die Zockerei von Soros – doch der Investmentbanker zwang sie in die Knie. Soros erreichte die Abwertung des englischen Pfund. Italien und Großbritannien mussten das europäische Währungssystem verlassen. Innerhalb weniger Wochen verdiente Soros Milliarden. Auf dem Konto eines einzelnen Menschen landete mehr Geld, als ganze Volkswirtschaften in einem Jahr erwirtschaften konnten. In den Jahren 2008 bis 2009 war George Soros der wahrscheinlich bestbezahlte Hedgefonds-Manager der Welt. Das Vermögen seiner Investmentfirma Soros Fund Management stieg um 40 Prozent auf 24 Milliarden Dollar.

Doch Soros plagte keineswegs ein schlechtes Gewissen. Jahre nach seinem Coup vom *Black Wednesday* 1992, der gewissermaßen ein formgebendes Präludium zur augenblicklichen Weltfinanzkrise darstellte, ließ er die Welt wissen: »Als anonymer Teilnehmer an Finanzmärkten hatte ich niemals die sozialen Folgen meines Handelns abzuwägen … Ich erkannte, dass meine moralischen Vorbehalte in der realen Welt, unter den Bedingungen des Wettbewerbs, wie sie auf Finanzmärkten herrschen, keinerlei Veränderung bewirkt hätten. Wenn ich mich zurückgehalten hätte – jemand anderes hätte meinen Platz eingenommen.« Nun taugt der Mann George Soros in keiner Weise dazu, als abschreckendes Beispiel eines skrupellosen Finanzhais zu gelten. Der Karl-Popper-Schüler Soros ist einer der bedeutendsten Spender der Welt, ein engagierter, politischer Mensch, der selbst die Deregulierung der internationalen Finanzmärkte scharf kritisierte und die Weltfinanzkrise vorhersagte.

Aber für eines ist dieser George Soros gut, nämlich für die Einsicht, wohin wir mit dem Abschied von universalen Sinnzusammenhängen und damit universalen Werten gekommen sind. Bekanntlich sollen wir nicht mehr sagen dürfen, was gut, wahr, gerecht und schön ist – stattdessen sollen wir uns in einer pragmatisch organisierten Welt jenseits von Gut und Böse orientieren, sollen uns in lauter funktionalen Vereinbarungen bewegen, in die wir unsere Interessen einbringen. Funktioniert es? In »Trial and Error« sollen wir unterwegs sein nach der jeweils passenden Lösung. Papst Benedikt XVI. sprach von den »bitteren Früchten« dieser Logik. Es werde dann den Versuch geben, »die Folgen gewisser egoistischer Lebensstile als Menschenrechte zu betrachten«, und man werde die Bitterkeit dieser Früchte erkennen am »Desinteresse für die wirtschaftlichen und sozialen Bedürfnisse der schwächsten Völker und an der Verachtung des humanitären Rechts sowie an der selektiven Verteidigung der Menschenrechte«.

Aber Soros & Co. sind keine Verbrecher. Sie handeln nur im Rahmen von allgemeinen, pragmatischen Vereinbarungen, die freilich nicht getragen sind vom Interesse aller. Die Weltfinanzkrise ist die größte Umverteilung von Vermögen, die sich jemals in der Geschichte der Menschheit ereignete. Sie führte bereits im Jahr 2009 dazu, dass sich in den Händen von 793 Personen insgesamt ca. 2400 Milliarden US-Dollar Vermögen befanden. Zwischen Breakfast und Lunch wechselten und wechseln – ein Klick mit der Computermaus – größere Werte den Besitzer, als ganze Volkswirtschaften durch die unter Schweiß und Tränen erbrachte Arbeit von Millionen erbringen. Durch Arbeit wird niemand mehr reich. Nur noch Geld schafft Geld. Geld bestimmt auch die Regeln, nach denen das System funktioniert. Wie ein ferngesteuerter Ansaugstutzen geht das Kapital dorthin, wo noch etwas zu holen ist. Zurück bleiben geplünderte Staatskassen, Volkswirtschaften, Menschen ohne Arbeit, verwüstete, um ihre Nachhaltigkeit und Zukunft gebrachte Kontinente. Diese interessegeleitete, pragmatische Organisation des Wirtschaftsgeschehens in der Welt ist ganz offenkundig zynisch organisierter Un-Sinn. Er führt dazu, dass sich Millionen von Menschen weltweit fragen: Welchen Sinn hat mein Leben noch – wo mir nichts mehr gehört, wo ich keine Chancen mehr habe, mit meinen Gaben und meiner Hände Arbeit mein Auskommen zu sichern?

Man muss solche Zusammenhänge vor Augen haben,

um die Fallen zu entdecken, die in Iring Fetschers Werbung für das Private und seinen Abgesang auf den Sinn enthalten sind: »Warum sollte das Leben einen Sinn über sich selbst hinaus haben? Genügt es nicht, dass wir da sind, uns unseres Lebens freuen, jeden Tag dankbar und glücklich genießen – solange wir gesund sind? Bedürfen wir der ›Rechtfertigung‹ in einem ›höheren Sinn‹, der über das Dasein hinausgeht? Friedrich Nietzsche antwortete hierauf mit dem Hinweis auf die christliche ›Sklavenmoral‹, die uns allezeit ein schlechtes Gewissen macht, wenn wir uns nicht durch unser Tun und Verhalten rechtfertigen können.«

Nein, es genügt durchaus nicht, dass wir unser Ding machen, unsere Gesundheit pflegen und uns des Lebens freuen. Fetschers vermeintliche Bescheidenheit betreibt vielmehr die Demission einer universellen Vernunft, die Aufkündigung der Verantwortung aller für alle, die Depotenzierung des Gewissens, das uns aufsprengt auf die gerechten Ansprüche anderer und (falls man so viel Theologie goutiert) eine Negierung Gottes, vor dessen Angesicht es nicht egal ist, ob unser Leben einem gegebenen Sinn entspricht oder ob wir es mit der Prolongierung und Hinnahme von Un-Sinn und Un-Recht verbringen.

Die Welt geht vor die Hunde, und der esoterische Vordenker David Spangler verkündigt: »Wir können alle Schriften und alle Lehren und alle Tafeln und Gesetze nehmen und ein schönes großes Lagerfeuer damit machen und Marshmallows rösten, denn das ist alles, wozu sie gut sind.« Der englische Biologe und bekennende Atheist Richard Dawkins, der kein drängenderes Problem in der Welt sieht als den »Gotteswahn«, zitiert bei der Frage nach dem Sinn des Lebens Francis Crick: »Wir sind einfach Produkte der

Evolution. Man kann natürlich sagen: Igitt, Ihr Leben muss aber ziemlich öde sein, wenn Sie nicht glauben, dass es einen Zweck hat. Aber jetzt freue ich mich auf ein gutes Mittagessen.« Vielleicht zum Nachtisch einen Marshmallow? Nehmen wir ein letztes probates Beispiel: Die katholische Kirche wird gerade zu Recht angeklagt, dass sie Fälle von sexuellem Missbrauch Jugendlicher durch Kleriker vor den Augen der Öffentlichkeit verbarg. Manche liberalen Kritiker, die sich vor Abscheu über die »Verhöhnung der Opfer« nicht mehr einkriegten, forderten vor nicht allzu langen Jahren (und nachdem sie gewiss zuvor aus allen denkbaren Tafeln und Gesetzen ein schönes Lagerfeuer gemacht hatten) freilich selbst: »Einvernehmliche sexuelle Beziehungen zwischen Erwachsenen und Kindern müssen straffrei sein.« Während diese Kritiker seinerzeit für solche »sinnmachenden« Forderungen in einen »Arbeitskreis« befördert wurden, landete man in der katholischen Kirche dafür seit eh und je in der Hölle. Ob Kinder nicht doch am besten bei denen aufgehoben sind, die noch eine Sexualmoral haben (auch wenn einige ihrer Vertreter sie auf krasse Weise verletzen), und nicht bei denen, die Sexualmoral für ein obsoletes Stück dieser christlichen ›Sklavenmoral‹ halten, »die uns allezeit ein schlechtes Gewissen macht, wenn wir uns nicht durch unser Tun und Verhalten rechtfertigen können« (Iring Fetscher)?

Lieber Hosenträger

als gar keinen Halt

im Leben

Upps!
Oder wie der Philosophie der Sinn abhandenkam

Einer der schwärzesten Meisterdenker des 20. Jahrhunderts war der in Paris lebende Rumäne Émile Michel Cioran (1911–1995); sein schmerzlich-skeptisches Werk weist ihn als Nietzsche-Schüler und Nihilisten aus, der die Schöpfung – sollte es denn eine geben – als Missgeburt beschreibt und ihren Schöpfer – sollte es denn einen geben – als unfähig oder sadistisch. Ist es ein Lichtspalt der Hoffnung, wenn Cioran schreibt: »Die Hölle, das ist die Unvorstellbarkeit des Gebets.« Oder will er sagen: Wo ich bin, wo wir sind, ist die Hölle? Einen Sinn des Lebens zu postulieren, erschien Cioran zunehmend abgeschmackt; so schreibt er in seiner an Friedrich Nietzsches *Götterdämmerung* anklingenden *Gedankendämmerung:* »Das ganze Geheimnis des Lebens läuft darauf hinaus, dass es keinerlei Sinn hat; dass aber jeder von uns dennoch einen ausfindig macht!« Cioran steht damit am vorläufigen Endpunkt einer philosophischen Debatte, in der die Möglichkeit von Sinn in auffälligem Gleichklang zur Möglichkeit Gottes behauptet oder verworfen wurde. Für Cioran, den letzten Verwerfer, war sein Nichtfinden von Gott und Sinn immerhin der große, letzte, einzige Schmerz des Lebens. Dass ihm kein Gott denkbar, keine Vernunft vernünftig, kein Sinn entschlüsselbar erschien, bedeutete ihm die Selbstaufhebung der Philosophie: »Im Grunde sind alle Ideen falsch und absurd. Es bleiben nur die Menschen, so wie sie sind ... Ich bin von jeder Ideologie geheilt.«

Dass die Frage nach dem Sinn des Lebens bei Monty Python zum Gag wird, müsste ihn deprimiert haben. Schon Nietzsche hatte im *Zarathustra* vom »Erdfloh« gesprochen, dem nachmetaphysischen »kleinen Menschen«, und ihn prophetisch beschrieben: »Man ist klug und weiß alles, was geschehn ist: so hat man kein Ende zu spotten.« Dass die Frage nach dem Sinn nun durch die Hosenträgermethode ersetzt wird, hätte Cioran wie Nietzsche in ihrer Verachtung des Menschen bestätigt. *An irgendetwas muss man sich ja festhalten*, ist das derzeit angesagte kollektive Orientierungsmodell – gleich hilfreich für Junkies, Lederhosenträger, Schrebergärtler, Volkshochschuldozenten, Lottospieler und Produzenten von Treppengeländern.

Die Frage nach dem *Sinn des Lebens*, also danach, was dem Einzelnen Halt und Orientierung im Leben gibt, ist so alt wie die Menschheit selbst. Nahezu alle großen Philosophen und ausnahmslos alle Religionen haben sich damit befasst. Simone Weil nannte die Philosophie einfach »Wissenschaft vom Sinn« (science du sens). Johann Gottlieb Fichte hat die Sinnsuche als Urantrieb der Philosophie überhaupt beschrieben: »Das gerade ist die Wurzel und das innigste Wesen des Organs zur Philosophie (…), *Sinn zu haben für den Sinn*, als schlechthin etwas anderes, denn alles Mögliche, was genommen wird in einem [bestimmten] Sinne.« Die Philosophie zeichnet sich dadurch aus, dass sie keinen spezifischen Gegenstand hat. Während die Physik über körperliche Substanzen, ihre Verbindung und Bewegung nachdenkt und während die Archäologie die materialen Hinterlassenschaften einer bestimmten versunkenen Epoche zum Gegenstand hat, denkt die Philosophie über *alles* nach – genauer gesagt: über die Eigenart, den Grund und das Ziel von allem. Könnte es etwas geben (gar etwas

Ewiges, immer Geltendes), das der Varietät der Dinge vorausliegt, das allem was ist, also auch meinem Leben vorausläuft, das es bestimmt und begleitet, etwas, das größer ist, erhabener, sinnvoller, heiliger als meine tastenden Versuche, eine Gestalt zu sein, etwas von Bedeutung darzustellen? Die große Philosophie seit Platon und Aristoteles war stillschweigend von der Voraussetzung ausgegangen, dass es einen Zusammenhang zwischen der menschlichen Vernunft und allem, was ist, gibt. Mit anderen Worten: Der Mensch galt als *wahrheitsfähig* – man kann auch sagen: *sinnfähig*.

Wo Aristoteles von Gott spricht – nämlich in seiner *Metaphysik* –, da handelt er nicht von einem jenseitigen Wesen um dieses Wesens willen, sondern weil er anders die *Physik* nicht vollenden kann. In der *Physik* gibt es Veränderung, Bewegung, Entwicklung. Das ist ein entscheidendes Moment an allen Phänomenen, die wir wahrnehmen. Nun bewegt sich eine Kugel in der Horizontalen nicht, wenn sie nicht angestoßen wird. Alles, was sich bewegt, bedarf eines Anstoßes – und da die ganze Welt aus Sein *und* Werden besteht, also permanent in Bewegung ist, muss es einen ersten Beweger geben. Das ist (zwar noch lange nicht der christliche, aber) der aristotelische Gott – der unbewegte Beweger. So beschreibt Aristoteles das Ganze der Wirklichkeit als etwas, das nach vernünftigen, sinnvollen Prozessen abläuft, aber er fügt der Mechanik »regionaler« Sinnprozesse etwas hinzu, was außerhalb ihrer Funktionalität ist, gleichzeitig aber die Bedingung darstellt, dass das Ganze überhaupt funktionieren kann. Dafür wählt Aristoteles den Namen Gott. Von der Vernunft des Menschen denkt Aristoteles sehr hoch, weil sie seiner Auffassung nach Physik wie Metaphysik denken kann. Der Mensch kann also nicht nur begreifen, *wie* etwas ist, er kann auch auf das *Warum* schließen. Im Anschluss an Aristoteles würde der mittelalterliche Philosoph Thomas von Aquin die Kausalität und die Finalität von Prozessen ähnlich raumgreifend beschreiben. Es geht ihm um die eine, ungeteilte Wirklichkeit, die nur im Gesamten beschrieben werden kann, also *mit ihren relativen und absoluten Gründen* und *mit ihren relativen und absoluten Zielen.* Wo Thomas im Anschluss an Aristoteles von Gott als der Ursache aller Ursachen oder dem Ziel aller Ziele spricht, betreibt er wieder diese absolute Anwendung der Vernunft. Er spricht zunächst von relativen Phänomenen – dass ein Ei das Huhn erfordert (oder umgekehrt) oder der Pfeil ein Ziel findet. Aber er kann dieses Relative nicht beschreiben, ohne dass er das Absolute mit in den Blick nimmt. Und andersherum: Er hätte keinen Begriff für das Absolute, wäre es nicht notwendig vor und hinter allem Relativen da und wüsste er von keinen Spuren dieses Absoluten in der Welt relativer Phänomene.

Der Philosoph Robert Spaemann weist immer wieder auf eine Äußerung von Friedrich Nietzsche hin, in der die Weite und das Erkenntnisvertrauen der großen antiken Philosophie zum Ausdruck kommen. Nietzsche hat (wohl mit einer gewissen Wehmut) gesehen, »dass auch wir Erkennenden von heute, wir Gottlosen und Antimetaphysiker, unser Feuer noch von dem Brande nehmen, den ein jahrtausendealter Glaube entzündet hat, jener Christenglaube, der auch der Glaube Platons war, dass Gott die Wahrheit ist, dass die Wahrheit göttlich ist«.

Das ist der genaue Kontext, in dem sich der Apostel Paulus eine verständige Zuhörerschaft auf dem Athener Areopag ausrechnen konnte, als er zu den gebildeten Griechen von »Gott« sprach. Er musste nicht befürchten, seine Zuhörer würden annehmen, er referiere über eine extraterrestrische Monstrosität. Eine Erkenntnis Gottes war State of the Art; es ging (gewissermaßen nur noch) um »wahre« Gotteserkenntnis. Paulus konnte anknüpfen bei einem schiefgelaufenen Gottestest der Athener Bürger, der 600 Jahre vor Paulus stattfand und von auf dem Athener Areopag noch zu Paulus' Zeiten eine Tafel zeugte mit der Aufschrift »dem unbekannten Gott«.

Etwa 600 v. Chr. herrschte eine Pestepidemie in Athen. Die Bürger suchten Zuflucht bei den bekannten Göttern. Da aber die traditionellen Götter schwiegen, probierten es die aufgeklärten Weltbürger mit Göttern anderer Provenienz. Doch auch die Opfer, die man den fremden Göttern weihte, fruchteten nichts. Das Orakel der Pythia von Delphi, das man befragte, riet den Athenern, man möge doch einen der sieben Weisen engagieren, den geisterfüllten Kreter Epimenides, was auch geschah. Epimenides trieb weiße und schwarze Schafe über den Areopag. Da sie sich aber überall und nirgends niederließen, ließ er einen Altar errichten und »dem unbekannten Gott« opfern. Es heißt, Epimenides habe Athen auf diese Weise von der Pest befreit.

Paulus trat also gewissermaßen mit dem Anspruch auf, den Begriff, den Griechen von Gott als »dem unbekannten Gott« hatten, mit Fleisch zu füllen. Die Athener waren ein neugieriges Völkchen (»Alle Athener nämlich, auch die Fremden, die bei ihnen wohnten, hatten nichts anderes im Sinn, als etwas Neues zu sagen oder zu hören«). Wie nun Paulus die Athener der Apostelgeschichte zufolge anspricht, ist nicht nur strategisch eine Meisterleistung; er sagt nämlich: »Ich bin umhergegangen und habe eure Heiligtümer angesehen und fand einen Altar, auf dem stand geschrieben: Dem unbekannten Gott. Nun verkündige ich euch, was ihr unwissend verehrt.«

Paulus schließt also nicht nur bei der Neugier der Athener, sondern bei ihrer Vernunft an. Er sagt gewissermaßen: Ihr vernünftigen Athener wisst schon, dass es hinter den Dingen eine Macht gibt, die größer ist als ihre Hervorbringungen. Da die griechische Philosophie schon bei der Entmythologisierung des Olymp war (Sokrates sogar wegen seiner Leugnung der Götter als »Atheist« zum Tod verurteilt wurde und sich mit dem Schierlingsbecher umbrachte, ehe ihn die Vollstreckung des Urteils ereilte), entmythologisiert auch Paulus: »Gott, der die Welt gemacht hat und alles, was darin ist, er, der Herr des Himmels und der Erde, wohnt nicht in Tempeln, die mit Händen gemacht sind. Auch lässt er sich nicht von Menschenhänden dienen, wie einer, der etwas nötig hätte, da er doch selber jedermann Leben und Odem und alles gibt.«

Paulus verknüpft also zwei mehr oder weniger parallele Entmythologisierungen miteinander: die jüdische und die griechische. Die jüdische Entmythologisierung ereignete sich als »atheistische« Verspottung der polytheistischen Nachbarvölker, in denen Sonne und Mond noch schreckenerregende Götter waren. Im biblischen Schöpfungsbericht werden sie materialisiert und funktionalisiert, werden zu Lampen und Lichtern degradiert, die einen genauen, untergeordneten Platz in der Welt des einen, wahren Gottes haben: Es sind von ihm ins Sein geführte, dienstbare Wirklichkeiten, weiter nichts. Aber auch die griechische Philosophie spätestens seit dem Dreigestirn Sokrates, Platon und Aristoteles ist Entmythologisierung. Das ursprünglich religiöse Fragen nach dem Sinn des Lebens und der Welt, nach Grund, Ziel und Zweck von allem, was ist, kann nicht mehr beantwortet werden mit dem Operettenarsenal des griechischen Götterhimmels – die Frage nach der (All-)Macht und dem Schicksal nicht mehr mit Zeus, die Frage nach der Zeit nicht mehr mit Kronos, die Frage der Liebe nicht mehr mit Aphrodite und die Frage nach Krieg und Frieden nicht mehr mit Ares.

Mit dem »Sterben der Götter« betritt der λογος – Geist, Sinn, Vernunft – die Bühne, ohne dass die große griechische Philosophie Vernunft nun freilich als etwas versteht, was jenseits, neben oder unabhängig von »Gott« existiert. Der λογος, der vor den Dingen und in ihnen existiert und an dem der vernünftige Mensch Anteil hat, ist göttlich, das Göttliche logisch. Und so kann Paulus vollkommen logisch anknüpfen: »Und er hat aus einem Menschen das ganze Menschengeschlecht gemacht, … damit sie Gott suchen sollen, ob sie ihn wohl fühlen und finden könnten; und fürwahr, er ist nicht ferne von einem jeden unter uns. Denn in ihm leben, weben und sind wir; wie auch einige Dichter bei euch gesagt haben: Wir sind seines Geschlechts. Da wir nun göttlichen Geschlechts sind, sollen wir nicht meinen, die Gottheit sei gleich den goldenen, silbernen und steinernen Bildern, durch menschliche Kunst und Gedanken gemacht.« (Apg 2,27–29).

So weit, so gut. Dass Paulus nun aber den λογος doch wieder »materialisiert«, indem er die Frage nach der Vernunft nicht mit einem endlosen Rekurs auf ein immer noch überzeitlich Allgemeineres, auf etwas immer noch Abstrakteres, immer noch überindividuell »Vernünftigeres« beantwortet, sondern mit der Nennung eines in der jüngsten Geschichte Israels aufgetretenen *Mannes* – das kickt diese Speaker's-Corner-Gestalt namens Paulus mit einem Schlag aus dem Spiel. Paulus verliert tatsächlich an diesem Punkt seiner Rede seine ganze Eleganz. Er holpert. Die Athener müssen glauben, da komme ihnen einer von hinten durch die Brust mit dem Holzhammer. Gott, so sagt dieser Paulus, habe »einen Tag festgesetzt, an dem er den Erdkreis richten will mit Gerechtigkeit *durch einen Mann*, den er dazu bestimmt hat, und hat jedermann den Glauben angeboten, indem er ihn von den Toten auferweckt hat.« (Apg 2,32). Paulus redet von Jesus Christus, einem ungebildeten galiläischen Wanderprediger von zweifelhafter Reputation. Das ist den geistig geschmackssicheren Athenern *too much*. Das klingt nach Sekte, nach Rückfall in eine überwundene Bildungsstufe. Das hatten wir doch. »Als sie von der Auferstehung der Toten hörten, begannen die einen zu spotten; die andern aber sprachen: Wir wollen dich darüber ein andermal weiter hören.« Forget it.

Mochte Israel (oder die Nähe Gottes durch Erfüllung der göttlichen Gebote) noch versöhnbar erscheinen mit dem antiken Vernunft- und Gottesideal, so musste den Griechen eine Religion, die mit der Prätention auftrat, in ihrer Mitte trete einer auf, einer aus Fleisch und Blut, der – licensed by god – »der Weg, die Wahrheit und das Leben« (Joh 14,6) sei, als ein kurioser, fundamentalistischer Backlash erscheinen, als ein Akt der Gegenaufklärung, als Restauration der himmlischen Operette. Und was sollten sie denken von diesem Johannes, der ihre geistige Errungenschaft, den λογος, auf eine so verdächtige Weise an einen akademiefernen galiläischen Wanderprediger knüpfte?

Den Anfang seines berühmten Prologs mochten sie noch mitsprechen – ja, ich sehe sie sogar anerkennend nicken: »Im Anfang war der Logos (die Vernunft?), und der Logos war bei Gott, und Gott war der Logos, dieser war im Anfang bei Gott. Alles ist durch ihn geworden und ohne ihn ist nichts geworden, was geworden ist. In ihm war das Leben, und das Leben war das Licht der Menschen. Und das Licht scheint in der Finsternis, und die Finsternis hat's nicht erfasst. Er war das wahre Licht, das jedem Menschen scheint, der in die Welt gekommen ist.« (Joh 1,1–5). Eine sehr vernünftige Entwicklungsgeschichte der Vernunft! – höre ich sie sagen. Aber dann kippt es für die aufgeklärte Vernunftlogik ins Häretische, Abseitige, Irrationale: »In sein Eigentum kam er (wie bitte, wer?) und die Seinen (also wohl die Vernünftigen – wer sonst?) nahmen ihn nicht auf … Und das Wort ist Fleisch (Fleisch? Aber doch nicht Fleisch!) geworden und hat unter uns gewohnt, und wir haben seine Herrlichkeit geschaut, die Herrlichkeit des Eingeborenen vom Vater, voll Gnade und Wahrheit.« (Joh 1, 11.14). Ja sind wir denn bei Gurus?

Das Christentum mutete der antiken Denkwelt tatsächlich einen gewissen »Jesus« zu, und zwar als Antwort auf die Fragen nach dem Sinn des Ganzen und der Wahrheit der Welt: »In der Welt war er, und die Welt ist durch ihn geworden, und die Welt erkannte ihn nicht.« (Joh 1,10). Das ist wahrhaftig ein kosmologisches Konzept. Paulus ist nicht weniger kühn als Johannes. Denn der Kolosserbrief sagt von diesem Jesus: »In ihm wurde alles erschaffen im Himmel und auf Erden, das Sichtbare und das Unsichtbare, Throne und Herrschaften, Mächte und Gewalten; alles ist durch ihn und auf ihn hin geschaffen. Er ist vor aller Schöpfung, in ihm hat alles Bestand.« (Kol 1,16–17). Und Johannes ist es wieder, der Jesu Himmel und Erde umfassende Einzigartigkeit herausstreicht, indem er sagt: »Niemand hat Gott je gesehen. Der Einzige, der Gott ist und am Herzen des Vaters ruht, er hat Kunde gebracht.« (Joh 1,18). Jesus selbst sagt in Joh 8,55 zu den Juden, die ihn im Ranking der Gotteserkenntnis hinter Abraham einordnen wollen: »Ihr habt *ihn* nicht erkannt.« Sie nicht, aber er. »Ich aber kenne ihn, und wenn ich sagen würde: Ich kenne ihn nicht, so wäre ich ein Lügner wie ihr.«

Griechenland hätte die definitive Aufgipfelung der Vernunft erwartet – wir Heutigen würden sagen: die Weltformel. Gekommen ist aber nicht eine Spitzenleistung menschlicher Selbsttranszendenz, eine Art transhumaner Übervernunft, sondern (in der Umkehrung aller Umkehrungen) die Menschwerdung der Wahrheit. Dass die Vernunft mehr als Vernunft sein könnte, nämlich *eine Person* – auf diesen Gedanken wäre die menschliche Logik von sich aus nicht gekommen. Hans Urs von Balthasar hat immer darauf hingewiesen, dass die Philosophie logischerweise vom Konkreten zum Allgemeinen gehen müsse und darin immer unkonkreter, immer geistiger, abstrakter und immer menschenferner werde. Um einen Begriff vom Frieden zu gewinnen, muss man die halbe Weltgeschichte anschauen, und um einen Begriff von Musik zu gewinnen, muss man womöglich Pythagoras mit Monteverdi und den Trommelkünsten der Mapuche-Indianer vergleichen. Aber das Christentum sagt: Um Sinn und Maß menschlichen Lebens zu ergründen, genügt es, auf Jesus zu schauen. Er ist die Selbstoffenbarung des Geistigsten, nämlich Gottes, als des Konkretesten. Jesus von Nazareth ist, wie Hans Urs von Balthasar sagt, das »ens concretissimum«, die einmalig, zu bestimmter Zeit in Fleisch und Blut erschienene, von keiner menschlichen Abstraktion einholbare Wahrheit. Er ist das alles, was wir über Gott wissen können.

Sofort gehen alle roten Lampen der Vernunft an. Wie kann es sein, dass Gott so konkret wird? Das ist doch skandalös! Und tatsächlich ist Jesus schon im Neuen Testament der Stein des Anstoßes. Schon die Umwelt Jesu musste sich entscheiden, ob sie der Sentenz der Aufgeklärten folgen wollte oder dem Gerücht, es habe sich in Jesus von Nazareth durch eine Tat Gottes gezeigt, was den »Weisen und Klugen verborgen, den Unmündigen aber offenbart« werden sollte: *Der Logos als Liebe*. Man könnte auch sagen: *Warum Liebe das Logische ist*.

In der christlichen Antike wird erstmals sichtbar, dass sich ein sinnvolles Leben aus zwei widerspruchsfreien Quellen speisen könnte, einer philosophischen *und* einer religiösen. Bediene dich deines Verstandes, achte das Kausalgesetz, folge deinem Gewissen – aber höre auch hin auf das, was du nur wissen kannst, wenn es dir von deinem Schöpfer, der jenseits alle Begriffe ist, gezeigt (offenbart) wird. »Es ist dir gesagt worden, Mensch, was gut ist und was der Herr von dir erwartet: Nichts anderes als dies: Recht tun, Güte und Treue lieben, und in Demut wandern mit deinem Gott.« (Mi 6,8).

Es ist ein weiter Weg vom Sinnoptimismus der Antike bis zur Vernunftskepsis und endlich zur kollektiven Sinnveräppelung der Gegenwart. Noch die deutsche und französische Aufklärung nahmen wie selbstverständlich an, dass es so etwas wie Wahrheit gebe, dass man sie erkennen könne und dass sie in einem unmittelbaren Zusammenhang mit »Gott« stehe, welchen Begriff auch immer man von Gott hatte. Kein Aufklärer kam auf den Gedanken, man könne nicht sagen, was gut und böse, wahr und falsch ist. Die Idee des Rechtsstaats, die Begründung der Menschenrechte, sie alle basieren auf einer vernünftigen, zuletzt vom Göttlichen bestimmten und durchwalteten Welt. Jean-Jacques Rousseau (1712–1778) bekannte noch in seinem *Emile:* »Ich glaube demnach, dass die Welt von einem mächtigen und weisen Willen regiert wird; ich sehe es oder empfinde es vielmehr.« Selbst der wütende Kirchenfeind Voltaire (1694 bis 1778) war gleichzeitig ein erklärter Atheismusgegner; in seiner *Réponse au Système de la nature* (1777) erklärte er bündig: »Wir verdammen den Atheismus, verabscheuen den Aberglauben, lieben Gott und die Menschheit.« Religion sei Anbetung des höchsten Wesens, und »gäbe es keinen Gott, so müsste man ihn erfinden«, denn »die ganze Natur verkündigt laut, dass er existiert«.

Der große Abschied von der Wahrheit und vom Sinn erfolgte Stück um Stück. René Descartes (1596–1650) spielte dabei eine Rolle, mit seiner Trennung der Welt in Denken und Material, genauer: in *res cogitans* (der Mensch als ein denkendes Ding) und *res extensa* (die Welt als Objekt der Naturwissenschaft), auch der englische Empirist David Hume (1711–1776: »We never really advance a step beyond ourselves«) trug das Seine dazu bei – vor allem Hume, der den Menschen in eine Welt der empirischen Tatsachen einsperrte und ihm eine Art Transzendenzverbot auferlegte, weil das, was wir als das Jenseitige, also über das Subjektive hinausgehende, denken oder erfahren würden, doch wieder nur Gedanken oder Empfindungen dieses Subjektes seien. Hume glaubt keine Aussagen mehr über »das Sein« machen zu können. Bei ihm wird alles zur Psychologie. Wir berühren die Wirklichkeit (Empirie) gar nicht, alles, was wir davon kennen, kommt durch Sinneseindrücke *(impressions)* in unser Bewusstsein und wird dort assoziativ verarbeitet. Auch Naturwissenschaft ist für Hume nur eine andere Art von Glauben. Der Empirismus und seine »gefühlte Wirklichkeit«, der zur beherrschenden Unterströmung modernen Selbstverständnisses geworden ist, wird immer wieder dort sichtbar, wo die menschliche Befindlichkeit zur zentralen Kategorie aufsteigt. »Ein Embryo spürt ja nichts – wieso sollte man ihn nicht abtreiben können?« – eine typische empiristische Frage, genauso wie jene Frage, die heute noch verdeckt, bald aber offen gestellt werden wird: »Warum sollen wir dieses Leben nicht beenden; dieser Mensch ist doch dement?« Dass der Mensch ein Sein und einen Sinn haben könnte jenseits seiner Lust- und Schmerzempfindungen, ja dass er mehr sein könnte als »die Gesamtheit seiner Zustände« (Robert Spaemann), kommt im Empirismus nicht in den Blick.

Immanuel Kant schließlich kannte zwar noch einen vernünftigen Begriff Gottes, einen »Begriff, welcher die ganze menschliche Erfahrung schließt und krönet«, aber ob diesem Begriff eine objektive Realität zukommt, erschien für ihn fraglich; das »Ding an sich«, das uns nicht durch Erfahrung gegeben ist, ist für ihn unerkennbar. So rettete Kant

Wirklichkeiten wie Gott oder die menschliche Seele nur dadurch noch für das Denken, als er sie zu Erfordernissen (Postulaten) der praktischen Vernunft erklärte. Ohne geht's halt nicht.

Der eigentliche Zusammenbruch der vernünftigen Welt erfolgte allerdings erst durch den großen »Zertrümmerer« Friedrich Nietzsche (1844). Ob die Vernunft vernünftig ist, wissen wir nicht. Das ist nur ein Vorurteil. Ob die Moral moralisch ist, wissen wir ebenso wenig. Woher sollten moralische Werte eine unbedingte Geltung haben? Sie sind allenfalls in einer bestimmten Situation nützlich oder nutzlos. Die Wahrheit muss ebenfalls dran glauben. Unbezweifelbare, objektive, gar ewige Wahrheiten sind der menschlichen Erkenntnis entzogen. Wahrheit ist immer subjektiv. Also gibt es ebenso viele Wahrheiten, wie es Menschen gibt, mithin gar keine. Wahrheit ist ein Wort ohne Inhalt. Auch »Gott« wird bei Nietzsche zu einer hinfälligen Vokabel. Gott ist tot. Es gibt keine übergeordnete, ewige Instanz. Der Mensch ist, was er ist, ein auf sich selbst zurückgeworfenes Wesen, ein »Erdfloh«. Es gibt auch keine Geschichte im Sinn einer finalen, zielorientierten Fortentwicklung der Dinge.

Wiederum war es Robert Spaemann, der auf die Skepsis des Erzskeptikers Nietzsche hinwies, der zugab: »Ich fürchte, wir werden Gott nicht los, weil wir noch die Grammatik brauchen.« Die Artikulation der Sinnlosigkeit muss noch immer in sinnvollen, zustimmungsfähigen Sätzen erfolgen. Und die Erkenntnis einer vernunftlosen Welt erfolgt durch Gebrauch der Vernunft und in einer Sprache, in der Subjekt, Objekt und Prädikat noch immer nicht substituierbar sind.

Die Nachwelt nahm den Vorbehalt Nietzsches nicht auf, nicht einmal sein prophetisches Erschrecken vor dem, was kommen würde in einer Welt, der Sinn und Vernunft entzogen ist:

»Wohin bewegen wir uns? …
Stürzen wir nicht fortwährend? …
Gibt es noch ein Oben und ein Unten?
Irren wir nicht durch ein unendliches Nichts?
Haucht uns nicht der leere Raum an?
Ist es nicht kälter geworden?
Kommt nicht immerfort die Nacht
und mehr Nacht?«

In drei kurzen Ausblicken will ich zeigen, wie sich unterschiedliche Philosophien nach dem Abschied aus einem sinnvollen, weil von Gott gehaltenen Universum der Vernunft die Welt zurechtlegten; ich spreche vom politischen Messianismus, vom Existenzialismus und vom postmodernen Pragmatismus, wie ihn etwa der Amerikaner Richard Rorty (1931–2007) vertrat.

Für Marx war das Ende der Vernunft nur das Ende einer die Welt *erklärenden* Vernunft. Nun sei die Zeit gekommen, die Instrumentarien der Vernunft für die *Veränderung* der Verhältnisse zu nutzen. Etwas, das ist und das allem Handeln vorausliegt – das Wesen des Menschen, der Sinn der Geschichte, eine herrschende Vernunft, Gott –, ist auszumerzen. »Jede religiöse Idee, jeder Gottesgedanke, schon das Spielen mit dem Gedanken an Gott ist ein unaussprechlicher Gräuel … ein Gräuel der gefährlichsten Art, eine Ansteckung der abscheulichsten Sorte«, pflichtet ihm Lenin bei. Sinn *ist* noch nicht, aber es wird ihn geben; er ist als sinnvolle, vorläufig noch utopische Zukunft zu gewinnen – durch politisches Handeln. Sinn entsteht in Zukunft.

Nach etwa 100 Millionen Opfern, die das Experiment des politischen Messianismus kommunistischer Prägung schließlich gekostet hat, dürfte der Welt der Geschmack an der Vorstellung abhandengekommen sein, es könne sinnvoll sein, die konkrete Sinnperspektive aktuell lebender Menschen hinzuopfern, damit es irgendwelchen Menschen, die ich nicht kenne, in irgendeiner Zukunft, die ich nicht erleben werde und der ich aus keinem Himmel zuschauen kann, einmal bessergeht? Nicht Religion, wie Marx in seiner Einleitung *Zur Kritik der Hegelschen Rechtsphilosophie* meinte, – »Zukunft wurde Opium des Volkes« (Robert Spaemann).

Der Existenzialismus, wie ihn etwa Jean-Paul Sartre (1905 bis 1980) vertrat, ging von der gleichen Unbestimmtheit des Seins aus wie der politische Messianismus. Es gibt hier keinen Raum für eine Art überkommenen Sinn, es gibt auch keine Wesensbestimmungen des Menschen. An sich hat der Mensch weder Wert noch Würde. Er ist ganz und gar »zur Freiheit verurteilt«; es gibt keine Idee, kein Ziel, keinen Plan, keine Vorgaben für seine Existenz. Der Mensch gehört nur sich selbst; er kann aus sich machen, was er will. Seine Zukunft ist offen. Der Mensch hat wie gesagt keine Würde; aber er gewinnt sie, indem er die Freiheit zur Wahl umfassend annimmt und sich entwirft, wie es ihm gefällt (und den anderen dabei nicht stört). Man hört das ungeheure Pathos der Selbstverwirklichung heraus, die zentrale Leitidee der letzten Jahrzehnte, gleich wirksam im Psychologismus wie im Feminismus wie in der Queer-, Gender- oder Antilebensrechtsbewegung. Angesichts von über 110 000 abgetriebenen Kindern allein im Deutschland des Jahres 2009, angesichts von »Kindern auf Bestellung« und einer erschreckenden Renaissance des Euthanasiegedankens taucht das Wort Selbstverwirklichung allerdings von Jahr zu Jahr tiefer in ein fahles Grau.

Wie ein Bumerang fällt die Idee vom *Sinn des Lebens durch maximale Selbstbestimmung* auf den Menschen zurück, zunächst auf den, der ohnmächtig ist und zum Opfer derer wird, deren Selbstbestimmung durch selbstbestimmten Vorrang mächtiger ist als das Selbstbestimmungsinteresse dessen, der es noch nicht (oder nicht mehr) artikulieren kann. Schließlich fällt es aber auch auf die happy few zurück, die durch Geburtsort, Ausbildung, Alter, Schönheit oder Betrug wirklich wählen können. Auch Milliardär Abramowitsch wird demnächst sterben und kann bis dahin gleichzeitig nur auf einer Yacht sein. Anders gesagt: Man könnte es als einen bedeutenden Beitrag zur Philosophie werten, dass Uwe Seeler das erste Millionenangebot, das ein deutscher Fußballer von einem ausländischen Toppverein (nämlich von Inter Mailand) erhielt, mit den Worten ablehnte: »Man kann ein Schnitzel nur einmal essen.« Danke, Uwe.

Die »modernste« Philosophie begegnet uns in einem Mann wie Richard Rorty. Modern war der Amerikaner Rorty nicht nur in seiner typisch linksintellektuellen Mischung aus amerikanischem Patriotismus und verbissener Kritik an Bushs Außenpolitik. Modern war der Neopragmatiker und Vorzeigeintellektuelle des Neoliberalismus auch in seiner Fundamentalabsage an die abendländische Philosophie, die in ihrem Ansatz von »Wahrheit« ausging. Wahrheit, wie Thomas von Aquin sie in aristotelischer Tradition definierte, galt als »adequatio rei et intellectus«, also als Entsprechung zwischen den Tatsachen und dem Gedachten oder den Aussagen. Rorty hingegen schlug vor: »Wir sollten die Korrespondenztheorie der Wahrheit aufgeben und anfangen, moralische und wissenschaftliche Überzeugungen als Werkzeuge zur Vermehrung menschlichen Glücks zu behandeln, statt als Darstellungen des innewohnenden Wesens der Wirklichkeit.« Unanfechtbare Gewissheiten wollte Richard Rorty durch das bessere, bestenfalls unanfechtbare Argument ersetzen. In Rorty, der sich als »Relativist« oder »Pragmatist« bezeichnete, verkörperte sich wie kaum sonst die Weltanschauung des Liberalismus, in der es eine Analogie zwischen dem freien Individuum und dem freien Markt gibt. Rortys Verhältnis zur Wahrheit hat er selbst mit dem Begriff »Ironie« beschrieben (»Die liberale Ironikerin«). Ironisch vorgetragene Überzeugungen brauchen keine Begründung. Im politischen Kontext gesehen, beginnt man zu frösteln, wenn man sieht, wie Rorty die philosophische Ermächtigung für »grundlose Überzeugungen« liefert, als wolle er den geistigen Unterbau der Political Correctness begründen. Auch die höchsten Ideen – nehmen wir die Menschenrechte – sind »Fiktionen«: gemachte, zufällige Kulturprodukte, Rorty sagt: »glückliche Zufälle«. Wahrheiten, seien sie nun ethischer, wissenschaftlicher oder religiöser Natur, sind nur hilfreiche, praktische Lügen: *Wir sagen das mal so*, weil wir es nicht wissen. Für Rorty gibt es

»nichts Wirklicheres als Lust und Schmerz«. Religion als das zu definieren, »was uns unbedingt angeht«, wie es vor fünfzig Jahren noch Paul Tillich unternahm, ist von Rorty weiter entfernt als die Erde vom Mond. Es geht letztlich niemanden mehr etwas an, als das, was ihn als Lust oder Schmerz berührt. Gutes Tun ist nicht gut, weil es gut ist, sondern weil es ein gutes Gefühl macht. Nicht mehr das zählt, was Lust oder Schmerz in ihm hervorruft – nur der Effekt im autonomen Individuum will wahrgenommen sein. Eine ideale Philosophie für die Spaßgesellschaft!

Von Richard Rorty ist unschwer der Bogen zu Nietzsches Zarathustra zu schlagen, zu dessen Vision vom »letzten«, dem »verächtlichsten Menschen«. Nietzsche skizziert ihn als den Menschen, der »nicht mehr den Pfeil seiner Sehnsucht über den Menschen hinaus wirft«. Im Zarathustras erster Rede an das Volk heißt es: »›*Was ist Liebe? Was ist Schöpfung? Was ist Sehnsucht? Was ist Stern?*‹ – *so fragt der letzte Mensch und blinzelt.*

Die Erde ist dann klein geworden, und auf ihr hüpft der letzte Mensch, der alles klein macht … der letzte Mensch lebt am längsten. ›*Wir haben das Glück erfunden*‹ – *sagen die letzten Menschen und blinzeln … Man liebt noch den Nachbarn und reibt sich an ihm: denn man braucht Wärme … Ein wenig Gift ab und zu: das macht angenehme Träume. Und viel Gift zuletzt, zu einem angenehmen Sterben … Man arbeitet noch, denn Arbeit ist eine Unterhaltung. Aber man sorgt, dass die Unterhaltung nicht angreife … Wer will noch regieren? Wer noch gehorchen? Beides ist zu beschwerlich …. Jeder will das Gleiche, jeder ist gleich: wer anders fühlt, geht freiwillig ins Irrenhaus … Man ist klug und weiß alles, was geschehen ist: so hat man kein Ende zu spotten. Man zankt sich noch, aber man versöhnt sich bald – sonst verdirbt es den Magen. Man hat sein Lüstchen für den Tag und sein Lüstchen für die Nacht: aber man ehrt die Gesundheit. ›Wir haben das Glück erfunden‹ – sagen die letzten Menschen und blinzeln.«* Den Bogen in die Gegenwart zieht Robert Spaemann; er diagnostiziert die Ankunft des banalen Nihilismus, die tatsächliche Präsenz des letzten Menschen, der »nur noch mit der Manipulation eigener Lustzustände beschäftigt, am längsten lebt, mit virtuellen Welten als Wichsvorlage«.

Jede Zeit und jede Region bekommt die Philosophie, die sie verdient – wir eine ohne Sinn und Vernunft, Gerechtigkeit und Wahrheit. Drei Minuten, berichtet ein Augenzeuge, habe das Gespräch einiger führender Hedgefonds-Manager am 28. Februar 2010 gedauert, in dem Griechenland zum ersten fallenden Dominostein erklärt wurde, was zur Krise des Euro führen werde, was wiederum bedeute, dass es momentan keine cleverere Option gäbe, als gegen diese Währung zu wetten und Geld wie nie zu machen. Darauf kehrten die Herren wohl wieder bei Sekt, Kaviar und mit ironischem Lächeln zur Befriedigung ihrer individuellen Lust- und Schmerzzustände zurück. Wer nun sagt: *Es darf nicht wahr sein!*, soll sich zugleich fragen, wie wir dem vernichtenden Raubzug des Kapitals mit einem Denken entgegentreten sollen, das davon ausgeht, alle unsere Vorstellungen von Gerechtigkeit seien Fiktion und das Ergebnis eines vorläufigen, zufälligen Sprachspiels. Und wer vor der heranbrandenden Gewalt des fundamentalistischen Islam Angst hat, soll sich gleichzeitig fragen, ob es auf der ganzen Welt auch nur einen Menschen gibt, der bereit sein könnte, für eine Fiktion der Menschenrechte zu kämpfen, vielleicht sogar zu sterben. Robert Spaemann: »Die Leute, die in der

Nazizeit gestorben sind, das waren keine Relativisten, die waren der festen Überzeugung, dass das Regime böse ist in einem absoluten Sinn, nicht nur für uns böse.« Und wie sollen junge Menschen Konsumismus und Pornographie, den kleinen Drogen und der großen Angst im Angesicht widerstehen, wenn sie auf Haltungen zurückgreifen sollen, deren Gründe nicht anzugeben sind?

Lieber Hosenträger als gar keinen Halt im Leben – die Formulierung ist so blöde wie die real existierende Philosophie, die Menschen ermuntert, ein Leben jenseits der absoluten Geltung von Wahrheit, Gerechtigkeit, Gesetz, Natur, Werten, Gott und Sinn zu führen. Wenn es *die* Wahrheit nicht gibt, dann gibt es nur *meine* und *deine* Wahrheit und keine Instanz, die Lüge von Wahrheit unterscheidet. Beide sind Meinungen über etwas, die so viel Geltung beanspruchen dürfen, wie sie Truppen hinter ihrer Durchsetzung versammeln. Wenn es die Gerechtigkeit nicht gibt, dann gibt es nur Optionen, die mir und dir, den ideologischen Optionen des nächstbesten Diktators oder den kommerziellen Strategien irgendeines Großinvestors gerecht werden. Wenn es kein Gesetz gibt, das vor allen konkreten Ausformulierungen menschlicher Gesetzgeber existiert und absolute Geltung für jedermann beansprucht, dann geraten wir unter die Knute jedes dahergelaufenen Machthabers, die seine Gier auf alles in Gesetze kanalisiert, denen keiner entgeht. Wenn »Natur« dem Menschen nicht mehr vorgibt, was das natürlich Menschliche ist und was der Würde des Menschen entspricht, dann fallen die graduellen Unterschiede zwischen Mensch und Unmensch, ja zwischen Mensch und Tier, dem Affenbaby und dem Menschenbaby. Dann fällt der Mensch dem Menschen in die Hände. Man kann ihn züchten, wenn man ihn braucht, ihn plündern, wenn es nützlich ist, ihn verkaufen, wenn er machtlos ist, ihn vernichten, wenn er im Weg steht. Wenn Werte nur noch nützliche Fiktionen sind, dann geben zuletzt die Hedgefonds den Wertekanon vor. Wenn es keinen Gott gibt, in dessen Horizont das Gute absolut gut und das Böse absolut böse, das Wahre unbedingt notwendig und das Unwahre nichtig, das Schöne absolut erhellend und das Hässliche vom Teufel ist, dann versinkt die Welt in einer nihilistischen Indifferenz, angesichts derer man seinen Kindern nur noch eine Tugend empfehlen kann: Cleverness. Kinder, vergesst jede Form von Moral, Moral ist kontraproduktiv! Etwaige Einsprüche des Gewissens kriegt man mit Psychologie weg. Geld ist Freiheit. Polstert euch die Nische! Schießt euch den Weg frei! Bringt eure Schäfchen ins Trockene, koste es, was es wolle!

Und wenn es also das alles nicht wirklich gibt – Wahrheit, Gerechtigkeit, Gesetz, Natur, Werte, Gott –, dann sind wir auf dem Münchner Oktoberfest: in der garantiert sinnfreien Spaßgesellschaft *einiger*. Denn während es the happy few von Managern und VIPs krachen lassen, geht im Land die Angst um, die Angst vor einer gnadenlosen Gesellschaft, in der sich eine üble Bande von Abzockern schamlos bereichert, während ganze Bevölkerungsschichten verarmen. Über den Sinn des Lebens denken Menschen, die im Rausch der neoliberalen Umverteilung um Geld, Land, Arbeit, Kinder und Zukunft gebracht werden, anders nach als die schamlosen Nutznießer dieser globalen Prozesse.

Die traditionelle Philosophie hat immer das Ganze im Blick gehabt: Vernunft für alle, Gerechtigkeit für alle, Sinn für alle. Heute gibt es einen Zusammenhang zwischen ökonomischer Privatisierung und der damit verbundenen Auflösung sinnvoller Lebensstrukturen auf der einen Seite und der Privatisierung des Denkens und der damit verbundenen Auflösung von Sinnstrukturen im Denken, wie es eine bestimmte Philosophie mit Nachdruck betreibt.

Lieber Hosenträger

als gar keinen Halt

im Leben

Hast du keinen, mach dir einen!

Nicht alle stellen den Mangel an Sinn und Orientierung in ihrem Leben mit Bedauern fest. Es gibt genug Leute, die damit kokettieren, dass Hosenträger das Einzige sind, was ihrem Leben Halt gibt. Alice (im Wunderland) meinte zum Leben schon: »Wenn kein Sinn drin ist, so erspart uns das eine Menge Arbeit, denn dann brauchen wir auch keinen zu suchen.«

Auch der Schweizer Bestsellerautor Martin Suter hat keine Probleme (mehr) damit, ein sinnloses Leben zu führen, zumindest nicht in jenem Interview, in dem er bekundete: »Hat das Leben einen Sinn? Das ist eine Frage, die mich höchstens in der Pubertät interessiert hat. Für mich ist der Gedanke, dass das Leben keinen Sinn hat, völlig normal. Es wäre schön, wenn man einfach sagte: Das Leben hat keinen Sinn, aber versuchen wir doch, es anständig zu leben, ohne dass es jemandem weh tut«. Und so verfasst er ebenso entzückende wie hoffentlich einträgliche literarische Arabesken um dieses Nichts von Leben, die keinem weh tun, aber auch keinen weiterbringen, es sei denn in der Vertreibung von Langeweile an langen Winterabenden oder als Alternative zu noch sinnloseren deutschen Privat-TV-Sendern.

Es ist nett, dass Herr Suter dabei »anständig« bleiben möchte. Doch was ist das – »anständig«? Ist diese Vokabel nicht auch sinnlos? Wo es was Anständiges gibt, gibt es auch was Unanständiges. Außerdem müsste das Anständige anständig, das Unanständige unanständig sein. Das ist nicht Lady Gaga, sondern Logik. Die Unterscheidung zwischen anständig und unanständig setzt – Nietzsche lässt grüßen – das Vorhandensein von Grammatik voraus, diese wiederum eine vernünftige Anordnung der Welt, in der Werturteile in sprachlichen Sätzen formuliert werden können, die zu Briefen von Autoren wie Martin Suter an Verleger führen könnten, in denen Herr Suter eindeutig verstanden wird, wenn er sagt: »Ihr Honorarangebot ist *unanständig!*« Nun unterstellen wir, dass Herr Suter wirklich *nett* ist. Er plaudert so charmant, und er sieht auch gut aus. Aber könnte einer nicht genauso gut sagen: »Das Leben hat keinen Sinn, aber ich versuche doch, es unanständig zu leben, so dass es allen (außer mir) richtig schön weh tut«? Herr Suter, für den es normal ist, dass das Leben keinen Sinn hat, müsste sagen: Fein! Angenommen, der Unanständige wäre Herrn Suters Verleger, so käme der Autor in die Verlegenheit, dass ihm etwas ungelegen sein könnte, was ihm doch egal sein müsste, nämlich der Unterschied zwischen anständig und unanständig. Vielleicht sollte Martin Suter doch – sofern er es sich einkommenstechnisch leisten kann – Buddhist werden. In diesem Horizont regt sich niemand über Buchtitel auf wie *Der Tod bedeutet gar nichts*, es sei denn, er wäre gerade in der Pubertät oder er müsste sterben. Alles egal? Schwierig.

Glücklicherweise gibt es Philosophen, die zum Sinn des Lebens gewichtige Beiträge beibringen, obwohl sie der Annahme sind, es gäbe ihn gar nicht. Sie arbeiten nach dem Grundsatz: Hast du keinen – mach dir einen! Männer halten sich sowieso lieber in Baumärkten als in philosophischen Proseminaren auf. So erschien im Jahr 2001 in der renommierten *edition suhrkamp* ein philosophisches Werk, das den Titel trug *Sinn machen in einer Welt ohne Sinn*. In dieser epochemachenden Abhandlung verbreitet sich ein gern gehörter Philosoph der Alpenregion, der sich durch sinnlose, überdies für andere lebensgefährliche Kraxeleien in Gefahrenregionen einen Namen gemacht hat: der Südtiroler Reinhold Messner. Messner fasst the state of the art in contemporary popular philosophy mit den Worten zusammen:

»Der Sinn fällt nicht vom Himmel,
er wird auch nicht von einer Religion gestiftet,
sondern ich selbst stifte Sinn,
indem ich mir mein Tun wichtig mache.«

Diese Maxime verdient nähere Betrachtung. »Der Sinn fällt nicht vom Himmel« – das klingt wacker, fast eine Spur zu deutsch für einen Südtiroler. In Deutschland will alles wirklich Wertvolle erarbeitet sein, wohingegen Italienern zum Beispiel manches in den Schoß fällt. Doch Messner, wir sagten es bereits, ist Südtiroler. In den Zeitaltern ante Messnerum natum – oder wie dekliniert man Messner? – sprach man nahezu ausschließlich davon, eine bestimmte Sache *habe* Sinn oder sie *sei* sinnvoll. Sinn trat also auf als ein positives Attribut oder eine Eigenschaft, die Menschen mittels ihrer Vernunft an einem Vorgang oder einem Sachverhalt erkennen konnten. Damit machten die Menschen eine Seinsaussage, und sie fällten ein Werturteil. Etwa zeitgleich mit dem Auftreten von Reinhold Messner und Gerhard Gazprom Schröder trat die Sprachformel »das macht Sinn« als Substitut von »das hat Sinn« auf, oft auch in der Wendung »das macht keinen Sinn« oder »ich sach mal, das macht nu wirklich kein Sinn«.

Der »Zwiebelfisch« in SPIEGEL ONLINE stellte freilich schon 2003 fest: »›Sinn‹ und ›machen‹ passen einfach nicht zusammen. Das Verb ›machen‹ hat die Bedeutung von fertigen, herstellen, tun, bewirken; es geht zurück auf die indogermanische Wurzel *mag-*, die für ›kneten‹ steht. Das Erste, was ›gemacht‹ wurde, war demnach Teig. Etwas Abstraktes wie Sinn lässt sich jedoch nicht kneten oder formen. Er ist entweder da oder nicht. Man kann den Sinn suchen, finden, erkennen, verstehen, aber er lässt sich nicht im Hauruck-Verfahren erschaffen.« Doch hier irrt der Zwiebelfisch ausnahmsweise einmal. Selbstverständlich kann jemand Sinn »machen«. Zwar können Menschen Sinn nur vorfinden. Aber Gott kann Sinn machen, ihn erschaffen. Why not? Ist Messner vielleicht Gott?

Dagegen spricht Messners Abneigung gegen Religion. Gott, so wird für gewöhnlich angenommen, ist *für* Religion. Religion ist ja eine Art Organ für Gott, also eine Weise, mit ihm in Verbindung zu treten. Da muss Gott schon *für* sein. Nun kann Religion zwar manches, aber Sinn stiften kann sie nicht. Das kann nur Gott (oder Messner, falls er Gott ist). Religion kann vielleicht Frieden stiften, wenn sie gut ist, aber wenn sie nur einigermaßen bei Verstand ist, stiftet, veranstaltet oder erschafft sie keinen *Sinn*. Sie behauptet vielleicht, dass sie um den Sinn bestimmter Zusammenhänge aus diesen oder jenen Quellen heraus wisse oder dass sie etwas vom Sinn des Lebens verstehe. Sinn*schaffende* Religionen sind Sekten oder wirtschaftskriminelle Organisationen vom Schlag Scientology. Dieser Punkt geht an Reinhold Messner.

Nun kommt es dick. Messner sagt wirklich: »Ich stifte Sinn …« Ein Wunder, das wir in präpaläontologischer Vorzeit wähnten, als der Geist Gottes noch über den Wassern schwebte – hier wird's Ereignis! Und wir dürfen sagen, wir sind dabei gewesen. Die Neugier treibt uns. Wir möchten es genau wissen: Herr Messner, wie geht das, Sinn stiften? Reinhold Messner hält mit seiner Weisheit nicht hinter dem Berg. Und wir ahnten es: Der zupackende Nanga-Parbat-Bezwinger langweilt uns nicht mit Schöpfungsmythen. Er sagt gleich, wie's geht: »Wenn dir das Leben unerträglich oder leer vorkommt, dann brauchst du nur einige Meter einen Berg emporzusteigen, und jeder Gedanke, dieses Leben wegzuschmeißen, wird verlöschen, denn das Leben hat wieder einen Sinn.« Es klingt wie Luis Trenker, ist aber von Reinhold Messner. Und man kann das glauben. Denn anders als ich hat Reinhold Messner es tausendfach getan, »einen Berg einige Meter emporzusteigen«. Atemlos folge ich der Frage von Messners Interviewpartner: *»Weshalb haben Sie es immer wieder getan, obwohl es gefährlich ist und kalt und …«*

Messner unterbricht seinen Satz: »… ungemütlich. Die Kehle ist geschwollen, man hat Kopfweh, man hat Angst. Glauben Sie niemandem, der in diesen Höhen von Spaß redet!« Aha, Sinn und Spaß sind zwei verschiedene Dinge! So viel gegen die Empiristen und Richard Rorty! Messner wird an dieser Stelle sogar apodiktisch; er bescheidet dem Mitdenkenden: »Die Spitzenalpinisten fangen dort an, wo der Spaß aufhört. Was wir tun, ist unnütz, ich bin ein Eroberer des Nutzlosen. Aber ich gebe diesem ganz bestimmten Tun – etwa der Everest-Besteigung ohne Maske – natürlich einen Sinn. Ich gehe gar nicht erst los, wenn die jeweilige Expedition nicht das Sinnvollste ist, was es auf dieser Erde in dieser Zeit für mich gibt.« Man beachte den

Superlativ *das Sinnvollste!* Könnte es nicht Menschen geben, für die genau das, nämlich eine »Everest-Besteigung ohne Maske«, ungefähr das Sinnloseste ist, »was es auf dieser Erde in dieser Zeit gibt«? Ich, zum Beispiel, gehöre zu solchen Menschen, aber vielleicht auch manche Himalajabewohner, die nicht nur den Müll von den Basislagern einsammeln müssen, sondern manchmal auch Leichen von missglückten Sinnsetzungen im Gebirge. Doch Messner sagt: *»… für mich!«* und lässt damit einen wohltuenden geistigen Freiraum für Menschen, für die gerade Würstchengrillen »das Sinnvollste ist, was es auf dieser Erde in dieser Zeit gibt«.

Aber wir wollen Messner generell nicht in Halbsätzen zitieren. Kommen wir auf eine Kernstelle seiner Maxime zurück. »Ich selbst stifte Sinn«, sagt Messner, »indem ich mir mein Tun wichtig mache.« Wieder ist es da, dieses Gottgleiche, die Gabe der seinshaften Attribuierung. Wo vorher Dunkelheit war, da ist jetzt Licht. Es entsteht durch meisterliche Setzung, souveräne Zuweisung. Gott Messner könnte auch sagen: Es ist Quatsch. Aber er sagt: Ich will, es sei Sinn! Auf den Berg gehen, wie sinnvoll! Doch hören wir noch einmal Messner im Originalton: »Für mich ist die Lösung [*der Sinnfrage?*] das Gehen … Wenn ich klettere, bin ich konzentriert auf Tritte und Griffe, auf die Zeit, die ich einhalten muss, auf den Gipfel, den ich erreichen will. Ich denke dann nicht, sondern ich handle. Ich frage nicht: Welchen Sinn hat das Leben? Gibt es einen Gott? Was ist Liebe? Der Sinn entsteht durch das Tun, ganz gleich, durch welches. Ich könnte auch Bäume fällen. Ein anderer fährt in die nächste Bar, wenn er es daheim nicht mehr aushält. Ich steige auf einen Berg hinauf.« An dieser Stelle erfolgt ein schüchterner Einwand des Interviewers: »Sie fliehen.« Messner: »Okay, ich fliehe. Hätte ich die Fähigkeit, die Sinnlosigkeit zu ertragen, ohne etwas zu tun, dann wäre ich ein tibetanischer Mönch und würde in einer Höhle sitzen. Aber es gibt auch einen anderen Grund. ... Das Gehen liegt uns im Blut. Der Mensch ist kein Dauerhocker. Ich muss doch für meinen Wandertrieb irgendeine Entschuldigung haben.« Höre ich Anklänge an einen anderen irrationalen Philosophen des 20. Jahrhunderts, höre ich da Ludwig Klages (1872–1956) und seinen Blutrhythmus pochen?

»Ich selbst stifte Sinn, indem ich mir mein Tun wichtig mache«? Sollten wir den Sinn des Lebens tatsächlich den Wichtigmachern überlassen? Wäre denkbar, solange sie es im heimischen Badezimmer tun. Öffentlich zu erklären, Sinn sei ausschließlich Individualdesign, ist Abschied von der Welt des Denkens. Philosophisch sinnvoll kann man von »Sinn« nur sprechen, wenn es sich um eine überindividuelle Qualität handelt.

Lieber Hosenträger

als gar keinen Halt

im Leben

Von Sinnkrisen, Lebenshelfern, Sterbehelfern und Psychotherapeuten

Das Internet hat sich als eine Art offener Markt für menschliche Probleme aller Art entwickelt. Am unteren Ende der Skala von Lebenshilfe rangieren die sogenannten Selbstmordforen – es gibt in Deutschland, so DER SPIEGEL, etwa 30 davon, weltweit seien es etwa 1000 –, in denen besonders Jugendliche darüber diskutieren, warum und vor allem wie man mit einem »gefühlt lebensunwerten Leben« Schluss macht. Bei www.waytodeath.com, einem Forum, das gerade seinen fünften Geburtstag gefeiert hat, findet man alles, was ein Themenforum braucht, von einer Plauderecke über allgemeine Information bis zu Bildern, Filmen & Medien, Lyrik und einschlägige Musik. Das Herzstück der Seite aber – die Zahl der Beiträge zeigt es – sind Seiten »Rund um den Suizid«. Dieser ganze Bereich ist geschützt; und noch einmal durch »Ausweispflicht« schützt eine Unterseite namens »Methodendiskussion«. In den 14 335 Beiträgen geht es nur um das eine: Wie tut man es? Allein oder gemeinsam? Mit Gift? Mit Drogen? Mit Medikamenten? Wenn ja, mit welchen und wo kann man sie organisieren? Mit einer Waffe? Klassisch mit dem Strick? Von der Klippe springen? Sich vor den Zug werfen? Psychologen sprechen von einem epidemischen Anwachsen des Themas.

Philosophisch hat eine Gesellschaft, für die der subjektive Zustand gut empiristisch alles ist, dem nichts entgegenzusetzen. Dass Alice Schwarzer aus *Mein Bauch gehört mir!* (1971) neuerdings *Mein Leben gehört mir!* (2009) macht, zeigt nur das identisch sich durchhaltende Kerndogma einer Gesellschaft, für die Gott außer Betracht gekommen ist. Natürlich gehöre ich *mir* – wem sonst? –, wenn ich nicht einem anderen gehöre. Es ist der zu Ende gedachten Aufklärung immer ungeheuerlich erschienen, dass es das Wort und die Wirklichkeit »Leibeigentum« gab. Es ist ihr bleibendes Verdienst, in Russland und sonstwo dafür gesorgt zu haben, dass das »Leibeigentum« politisch von der Bildfläche verschwand. Dennoch gibt es, wenn es einen Schöpfer gibt, auch »Leibeigentum«: Der vor mir war, der mich ins Sein rief und mich im Sein erhält, ist »mein Herr«. Ich gehöre ihm. Auch mein Leib gehört ihm, letztlich in einer Radikalität, dass ich diesem, meinem (nur relativ) eigenen Leib und Leben nichts Böses tun darf. Solange jemand Christ ist, wird er Alice Schwarzers »Mein Leben gehört mir!« couragiert entgegentreten müssen: Genau das nicht! Hier, an diesem existenziellen Punkt, verläuft die messerscharfe Grenze zwischen A-Theismus und Theismus, zwischen der Möglichkeit fundamentalen Selbstbesitzes und der Gewissheit letztem Verdanktseins. Wer im Übrigen die üppigen Zuwachsraten beim Menschenhandel, Kinderkauf, Organhandel und der Prostitution in näheren Betracht zieht, ahnt, wie nahe »Mein Leben gehört mir!« an »Dein Leben gehört mir!« ist – und ist dankbar, dass im Horizont des Glaubens an Gott weder ich mir selbst noch der andere bloß »sich« gehört. Dass Menschen Gottes Leibeigene sind, bewahrt sie vor dem Schlimmsten, individuell und sozial.

Kluge Seelsorger setzten früher dem Wunsch nach dem Freitod häufig ein »Das ist verboten; es ist eine Sünde!«

entgegen, weniger weil sie nicht darüber aufgeklärt waren, dass die Folgen einer psychischen Erkrankung niemals »Sünde« sein können – Sünde erfordert in jedem Fall den freien Willen –, wohl aber aus der Erkenntnis heraus, dass einem Menschen in seiner tiefsten Not kaum etwas hilfreicher sein könnte als der biblische Satz: »Denn wenn das Herz uns auch verurteilt – Gott ist größer als unser Herz und er weiß alles« (1 Joh 3,20). Meine Überzeugung sagt mir: Letztlich hilft in Sinnkrisen nur etwas, das größer ist als meine Gefühle, mein psychischer Zustand, meine Wahrnehmung von mir selbst. Mit diesem Arsenal bin ich freilich rasch am Ende und an der Wand und im Selbstmordforum. In der Regel ist es Liebe, die mich aus dem »Zustand« erlöst und von den falschen Fragen abzieht, die Liebe zu einem anderen Menschen, letztlich die Gewissheit absolut, das heißt bedingungslos, geliebt zu sein, womit wir im Glauben wären. »Nicht darin besteht die Liebe, dass wir Gott geliebt haben, sondern dass er uns geliebt … hat« (1 Joh 4,10) – und zwar zuerst.

Die Selbstmordforen sind das erschreckendste Phänomen. Aber auch einschlägige Lebenshilfeseiten wie »Mein-Kummerkasten.de« quellen über von Notsignalen und Hilfeschreien aller Art. Aus der Unzahl von vergleichbaren Äußerungen wähle ich ein einziges, zufälliges Beispiel aus, weil es mich interessierte, wie Lebenshilfebegleiter wohl mit Sinnsuchenden in Extremsituationen umgehen. »Ich habe diesen Selbstmordversuch unternommen, weil ich nicht mehr weiterwusste«, schreibt eine junge Frau. »Mein Vater hatte schon seit acht Monaten nicht mehr mit mir geredet, weil er fand, dass ich mich nicht genug anstrengen würde in der Ausbildung. Auch als ich in die Klinik kam, sprach er kein einziges Wort mit mir, er besuchte mich nicht einmal … Ich konnte mit niemandem über meine Probleme reden … Vor drei Wochen habe ich die Ausbildung abgebrochen, weil ich nicht mehr konnte, ich hatte wieder Selbstmordgedanken und wollte einfach, dass es aufhört. … Ich frage mich, *was für einen Sinn hat mein Leben?* Lohnt es sich, noch weiterzumachen? Bitte antwortet und helft mir, Danke, D.«

D., die junge Frau, findet auch jemanden, der zuhört und ihr menschlichen Zuspruch schenkt; es handelt sich um eine nicht näher qualifizierte Frau namens C. Wahrscheinlich ist es sehr gut, dass es C. und vergleichbare Engel im Internet gibt. Ich möchte keineswegs den Eindruck erwecken, als wollte ich die noble Geste des Zuhörens und die sichtlich bemühte Antwort von C. herabwürdigen. Es finden sich gute und wichtige Hinweise darunter. Dennoch ist die Antwort prototypisch für ein ganzes, mehr oder weniger professionelles Gewerbe von Lebens- und Psychohelfern, denen ein Repertoire klassischer Rezepte auf Abruf bereitsteht. Es fehlt C.'s Antwort keineswegs an Empathie, Wärme und einladendem Optimismus. Wahrscheinlich müsste man sie im Rahmen ihrer selbstverordneten Voraussetzungen sogar meisterhaft nennen. Zunächst spiegelt sie die scheinbar ausweglose Lage von D., um ihr dann eine Fülle wohlmeinender Ratschläge zu erteilen. Wieder zitiere ich in Auszügen, wobei ich die Antwort durch eigene Zwischenfragen unterbreche: »Genau aus dieser schmerzenden

Situation kannst nur DU dich alleine wieder rausholen. [*Zwischenfrage: Hat sich je jemand selbst aus dem Sumpf herausgezogen?*] Sich selbst das Leben zu nehmen ist keine Lösung [*Wieso eigentlich nicht, wenn die Summe der Probleme größer ist als die Lust am Leben?*] – das hast Du hoffentlich erkannt. [*Wieso »erkannt«? Ihr soll wohl eher durch Überredung ein Standardverhalten als angemessen suggeriert werden. D. erkennt einen sinnvollen Ansatz zum Weiterleben ja gerade nicht.*] So wie ich dies empfinde, könntest Du millionenfach schreien und Dein Vater würde Dich nicht hören. Das gibt es – hart, jedoch gibt es das. Dir bleibt nur eines, um nicht daran zu zerbrechen: Akzeptieren [*Das absolut Inakzeptable akzeptieren?*], loslassen [*Was denn jetzt noch loslassen – die Frau befindet sich ja jetzt schon im freien Fall?*] und auf dich selbst konzentrieren [*Aber da ist ja nichts.*] … Ich würde mir eine Liste schreiben. Eine mit all Deinen Wünschen, die hängst du an den Kühlschrank. Eine mit all Deinen Träumen, die hängst du ins Badezimmer. [*Gibt es – außer bei »Bestellungen ans Universum« – einen realen Zusammenhang von Wünschen und Wunscherfüllungen?*] Eine mit Lebensnotwendigem – was brauch ich unbedingt im Leben? – und eine mit den passenden Lösungen. [*Wer sagt denn, dass man im Leben immer bekommt, was man unbedingt nötig hat – und wer sagt eigentlich, dass es für alles eine Lösung gibt?*] Als Erstes allerdings würde ich eine Überlebensliste schreiben …

* Ich weine nicht mehr [*Disziplin gegen Verzweiflung?*]
* Ich nehme mein Leben in die Hand [*Selfhelp for ever?*]
* Ich glaube an mich [*Theologie auf kleinster Flamme?*]
* Ich werde nichts von meiner Familie erwarten
* Ich habe meinen eigenen Wert

* Ich habe ein Recht auf ein glückliches Leben [*Wo kann man das einklagen?*] …

Erinnere Dich an eins, immer wenn es um Dich dunkel wird: Du bist es wert, zu leben, zu lieben und glücklich zu sein. [*Woher weiß man das?*] Sei Deines Glückes Schmied und mach was daraus. Viel, viel Glück, C.«

Wem heute die Hosenträger nur bedingt Halt vermitteln, wer sich also in einer klassischen Sinn- oder Orientierungskrise befindet, wie es sie schon zu Zeiten gab, als man noch fragte: »Wozu sind wir auf Erden?«, wird heute weniger an Seelsorger als an Psychotherapeuten verwiesen. Doch können sie helfen? Noch Anfang des 20. Jahrhunderts fand sich die »haltlose Persönlichkeit« im Spektrum psychiatrischer Diagnosebilder; sie galt als eine behandlungswürdige Persönlichkeitsstörung. Heute wird sie in den gängigen Typologien nicht mehr aufgeführt; sie taucht im *Fallbuch Psychiatrie* gar nicht erst auf.

Ich halte das generell für richtig. Ich glaube, dass Menschen, die Sinnprobleme haben und haltlos sind, zwar manchmal echte psychische Probleme haben. Im Kern geht es aber bei dem Wort »Sinn« um etwas *Geistiges*, nicht um etwas *Psychisches*. Jemanden zum Kranken abzustempeln, weil er keinen Halt im Leben zu finden meint, ist Zeichen einer übergriffigen Form von Psychologie, einer Psychologie, die sich in den Zuständigkeiten verirrt, ist mithin *Psychologismus*.

Ein typisches Beispiel für diesen Psychologismus liefert Sigmund Freud selbst, wenn er im August 1937 in einem Brief an Marie Bonaparte befindet: »Im Moment, da man nach Sinn und Wert des Lebens fragt, ist man krank, denn beides gibt es ja in objektiver Weise nicht; man hat nur eingestanden, dass man einen Vorrat von unbefriedigter Libido hat, und irgendetwas anderes muss damit vorgefallen sein, eine Art Gärung, die zur Trauer und Depression führt.« Freud operiert hier in kaum verdeckter Absetzung von der auslaufenden Christlichkeit seiner Zeit. Als nämlich die Sinnkrise noch keine »Krankheit« war, antwortete der Kleine Katholische Katechismus (und ganz ähnlich evangelische Katechismen) auf die Frage: »Wozu sind wir auf Erden?« – »Wir sind auf Erden, um Gott zu erkennen, ihn zu lieben und ihm zu dienen und dadurch in den Himmel zu kommen.« Das bewahrte Menschen nicht vor Traurigkeit und Depression, verwies sie aber zunächst auf die Möglichkeit, den Glauben zu vertiefen, und entließ sie im Fall nicht behebbaren Leides nicht mit der letzten Aussicht auf Pillen oder Gesprächstherapie, sondern mit der realen Hoffnung auf den Himmel.

Bei Freud aber ist nach Sinn und Wert des Lebens zu fragen einfach nur noch »krank«, was auch etwas über das zynische Verhältnis Freuds zu seinen Klienten aussagt, die ihm als geistige Personen gar nicht in den Blick kommen. Freuds Menschenbild ist nachchristlich; es verdankt sich weniger dem großen Strom abendländischer Humanität als Nietzsches Vorstellungen von einem neuen Menschen: »Das Christentum hat die Partei alles Schwachen, Niedrigen, Missratenen genommen, es hat ein Ideal aus dem Widerspruch gegen die Erhaltungsinstinkte des starken Lebens gemacht.« Auch der Mensch Sigmund Freuds hat nicht schwach zu sein; er hat keine fundamentalen Fragen zu stellen, an denen er leidet, und er hat auch keine Sinnprobleme zu haben. Und hat er doch welche, kann es sich nur um »einen Vorrat von unbefriedigender Libido« handeln – etwas, das man therapieren kann, etwa mit Sex. Freud stellte jene Weichen, die schließlich zu Wilhelm Reich (einem Schüler Freuds), der sexuellen Revolution und der Fiktion der 68er führte, guter Sex könne die Welt retten.

Anders als Freud hat sich Alfred Adler (1870–1937), der andere große Wiener Psychotherapeut, durchaus mit der Sinnfrage befasst, darüber sogar zwei Werke verfasst: *Wozu leben wir?* von 1931 und *Der Sinn des Lebens* von 1933. Adler ging es um »Suizidprävention«, also die Frage, wie man vorbeugend verhindern kann, dass seelisch ansonsten gesunde Menschen durch Sorgen und Nöte zum Äußersten getrieben werden. Im Hintergrund steht bei Adler die Annahme, es gebe im Leben eines Menschen etwas so Bestimmendes (er nennt es »Lebenssinn«), »dass derjenige, der sich von ihm allzu weit entfernt, je nach seiner Veranlagung, seiner Vergangenheit und seiner gegenwärtigen Lage, neurotisch, psychotisch, pervers, süchtig oder kriminell wird«.

Als der eigentliche Überwinder des Psychologismus in Hinsicht auf die Sinnfrage muss aber Viktor E. Frankl (1905 bis 1997), der Begründer der Dritten Wiener Schule der Psychotherapie und der sogenannten »Logotherapie«, genannt werden. Frankl hat sich sogar einmal direkt auf Sigmund Freuds Behauptung, die Sinnfrage sei »krank«, bezogen und gesagt: »Nun, ich persönlich bin nicht der Ansicht, dass es sich da um eine Krankheit handelt, etwa um das Symptom einer Neurose. Vielmehr meine ich, dass der Mensch damit, dass er die Frage nach dem Sinn des Lebens stellt, ja, mehr als das, dass er wagt, die Existenz eines solchen Sinnes sogar in Frage zu stellen – ich meine, dass der Mensch damit nur seine Menschlichkeit manifestiert.«

Frankl nahm die Vokabel *Sinn* (griech.: logos) sogar in den Namen seiner Therapierichtung auf, weil er davon überzeugt war, psychische Leiden ließen sich am ehesten noch durch den Einsatz geistiger Mittel, eben durch »Sinn«, mindern oder beheben. »Der Mensch ist ein Wesen auf der Suche nach einem Sinn«, das ist Frankls Ausgangsposition. Und kürzer als mit *Heilen durch Sinn* kann man Frankls Therapieansatz nicht beschreiben.

Hinter Frankls Urintention steckt eine bewegende persönliche Geschichte. In den Jahren 1942 bis 1945 verlor der angesehene jüdische Psychotherapeut seine gesamte Familie in den Konzentrationslagern der Nazis. Sein Vater starb in Theresienstadt, seine Mutter in Auschwitz und seine erste Frau Tilly in Bergen-Belsen. Frankl selbst wurde verhaftet und deportiert; er kam von Theresienstadt nach Auschwitz und von dort in ein Außenlager von Dachau, nach Türkheim, wo ihn 1945 die Amerikaner befreiten.

In seinem Buch *... trotzdem Ja zum Leben sagen (Ein Psychologe erlebt das Konzentrationslager)* beschreibt Frankl, welche geistig-psychische Kraft es zuletzt war, dass er selbst und andere Häftlinge die Höllenkammern des Holocaust bestehen, ja sogar überleben konnten. All die Häftlinge, die in irgendeiner Weise einen »Sinn« benennen konnten, und sei es, dass sie in der Annahme lebten, außerhalb der Stacheldrahtzäune warte ein Mensch auf sie, hatten deutlich bessere Überlebenschancen als die anderen, die keinen Sinn mehr in ihrer auf das Vegetative herabgedrückten Existenz sahen. Der Sinn des Lebens erwies sich als stärker als alles andere. Frankl selbst lebte von der Vorstellung, dass es ihm eines Tages gelingen werde, Vorlesungen zu halten, die auf seinen Lagererfahrungen basierten. Im Kern fand Frankl die Grundstrukturen seiner Logotherapie auf den Pritschen der Nazi-Todeslager. Martin Luther King sagt in der Tendenz dasselbe wie Viktor E. Frankl: »Wenn ein Mensch nichts gefunden hat, wofür er sterben würde, eignet er sich nicht zum Leben.« Das verbindet so entfernte Leute wie sozialistische Widerstandskämpfer mit christlichen Märtyrern wie mit jedem, der den Mund aufmacht und persönliche Nachteile dafür in Kauf nimmt. Nur zu einem Menschen gibt es ganz bestimmt keine Verbindung, zu Richard Rortys *liberalen Ironikerin.*

Frankls KZ-Buch endet mit einem merkwürdigen Theaterstück, das im »KZ Birkenwald« spielt. Der Autor lässt große Philosophen – Sokrates, Spinoza, Kant – auftreten, um den Insassen des Lagers geistig aus dem Elend zu helfen. Doch die großen Philosophen scheitern. Den Sinn des Lebens, so Frankl, könne man nicht von außen an jemanden herantragen. Den müsse jeder Mensch in sich und für sich entdecken.

Die Rolle des Therapeuten ist in der Logotherapie somit die eines Helfers zur individuellen Sinnfindung. Frankl geht dabei von zwei Voraussetzungen aus. Die erste besteht darin, dass der Mensch einen freien Willen hat, die zweite, dass dieser freie Wille *intentional* ist, nämlich jeweils darauf ausgerichtet, Sinn zu finden. Fehlt es einem Menschen an Sinn, so kommt es zu den sogenannten *noogenen Neurosen* (durch innere Leere bedingte psychische Störungen). Frankl sieht darin sogar die Hauptursache einer Fülle von Erkrankungen des modernen Menschen. »Logotherapeuten« arbeiten weniger an der Problemgeschichte ihrer Klienten als daran, dass diese den Glauben an das Leben wiederbekommen, eine Sinnperspektive entdecken, fähig werden zu kraftvollem, verantwortlichem Handeln.

Aber ist es wirklich der Wille zum Sinn und nicht letztlich doch der »Wille zum Glück«, was den Menschen elementar antreibt, wie es Jeremy Bentham und die Utilitaristen aller Zeitalter beschrieben haben? Frankl bringt eine wichtige Unterscheidung: »Je mehr er [der Mensch, B.M.] nach Glück jagt, umso mehr verjagt er es auch schon. Um dies zu verstehen, brauchen wir nur das Vorurteil zu überwinden, dass der Mensch im Grund darauf aus sei, glücklich zu sein; was er in Wirklichkeit will, ist nämlich, einen Grund dazu zu haben. Und hat er einmal einen Grund dazu, dann stellt sich das Glücksgefühl von selbst ein. In dem Maße hingegen, in dem er das Glücksgefühl direkt anpeilt, verliert er den Grund, den er dazu haben mag, aus den Augen, und das Glücksgefühl selbst sackt in sich zusammen. Mit anderen Wort, Glück muss erfolgen und kann nicht erzielt werden.«

Lieber Hosenträger

als gar keinen Halt

im Leben

Die Botschaft des alten Traktors

Auf dem Seitenstreifen des Münchner Rings parkt ein alter Traktor, der längst keine Mistfuhre mehr zieht und kein Gras mehr mäht. Er dient nur noch als liebenswerter Blickfang, zumal er ein Schild trägt mit der Aufschrift: »Ohne Gott ist alles sinnlos«. Die handgemalte Werbebotschaft scheint so hilflos daneben zu sein, wie der Traktor technisch überholt ist, der sie trägt. Sie kommt aus einer anderen Zeit. Es gab, denkt man im Vorüberfahren am Traktor, vor langer Zeit, im frühen Mittelalter, einmal eine christliche Welt, die von der Annahme ausging, alles Seiende sei der unmittelbare Ausfluss einer göttlichen Idee, und auch eine gefallene Welt ließe sich wieder auf eine heilige Ordnung hin zurückführen. Was die Natur vorgab und was sich in der Geschichte ereignete, betrachtete man als Folge des göttlichen Heilsplanes und als Vollzug seiner göttlichen Ordnung. Denken war ein Nach-Denken der Ordnungen Gottes und galt dem Verstehen seines Willens.

Es liegt nicht ausschließlich an der flächendeckenden Säkularisierung der Welt, dass uns Ernst Jandl mit einem seiner *Letzten Gedichte* fast näher ist als das gutgemeinte Plakat auf dem alten Traktor: »als katholischer Christ«, sagt Jandl, »beharre ich auf der Sinnlosigkeit des / menschlichen Lebens.« Das ist nicht nur eine paradoxe Intervention (»Unterlassen Sie für ein Jahr jede Rede von Sinn!«) für eine Christenheit, die so gerne den exklusiven Besitz von Sinn plakatieren würde. Es ist die Erinnerung daran, dass der christliche Glaube keine Ideologie ist, die auf alles eine Antwort hat. Was ist der Sinn der Katastrophe von Haiti? Warum kam der Tsunami? Darauf kann man nur sagen: Wir wissen es nicht. Und doch darf sich der christliche Glaube nicht einer Welt gleichmachen, die den Wahrheitsbegriff für überflüssig hält, sich im Irrationalismus einrichtet und Werte als Fiktionen betrachtet.

»Ihr wisst, dass ihr aus eurer sinnlosen,
von den Vätern ererbten Lebensweise
nicht um einen vergänglichen Preis losgekauft wurdet,
nicht um Silber oder Gold, sondern mit dem kostbaren
Blut Christi, des Lammes ohne Fehl und Makel.
Er war schon vor der Erschaffung der Welt
dazu ausersehen, und euretwegen
ist er am Ende der Zeiten erschienen.«
(1 Petr 1,18–20)

Die »sinnlose, von den Vätern ererbte Lebensweise«, das ist keine zeitbedingte Redeweise des Petrus. Es ist die Herausforderung an Christen jeden Zeitalters, auszuziehen aus sinnlosen, überlebten, »alten« Zusammenhängen und die größere Evidenz des Evangeliums zum Leuchten zu bringen. In der Urkirche war es das Momentum der Freude, war es die Gastfreundschaft, die Mildtätigkeit und Barmherzigkeit, die ein müdes, dekadentes Zeitalter mitriss, das sich überlebt hatte und reif war für das Neue. Die entschiedene (historisch gesehen »plötzliche«) Hinwendung der Anhänger des *neuen Weges* – so nannte man die ersten Christen – zu den unterdrückten, rechtlosen Frauen, den Hungrigen, Kranken, Armen, Heimatlosen, Waisen, Witwen, Fremden und Sklaven stellte innerhalb weniger Jahrzehnte die Antike auf den Kopf. Diese aus der Logik geschichtlicher Abläufe nicht erklärbare, um eines gewissen Jesus willen erfolgte Wende zu den Ohnmächtigen und Opfern, sei, so sagt es der Historiker B. Chadwick, die stärkste Einzelursache für den missionarischen Erfolg des Christentums und die frappante Ausbreitung der jungen Kirche im Imperium Romanum gewesen.

Dieser »Überfall« auf eine moralisch sterbende Welt war nur von außen betrachtet irrational. Er folgte durchaus einer Logik, allerdings der Logik des Glaubens (Mt 25,35: »Ich war hungrig, und ihr habt mir zu essen gegeben; ich war durstig, und ihr habt mir zu trinken gegeben; ich war fremd und obdachlos, und ihr habt mich aufgenommen.«). Diese Logik des christlichen Glaubens war und ist keineswegs eine außervernünftige Sinninsel, die unverbunden neben der allgemeinen Logik, dem Sinnvollen für alle, steht. Sie kommt nur schneller, unbedingter und effizienter zu den gleichen Ergebnissen, zu denen jeder Nachdenkende guten Willens kommen müsste, wäre er nicht gefangen in sich und seinen Optionen. Einem Hungrigen ist unbedingt, unter allen Umständen, immer Speise zu geben, aber nie rückt uns diese Gewissheit so auf den Leib, als dort, wo sich Gott selbst in Jesus Christus mit einem hungrigen Kind identifiziert (Mt 25,42: »Ich war hungrig, und ihr habt mir nichts zu essen gegeben.«). Das ist, wie Gregory Bateson sagen würde, der Unterschied, der den Unterschied macht.

Heute sind wir in einer Situation, in der ein in Gärung befindliches, altgewordenes und in vieler Hinsicht korrumpiertes Christentum um eine Gestalt ringt, in der es wieder Salz der Erde und Licht der Welt sein kann. Denn ohne das – ohne die Kraft zu Salz und Licht – ist Christsein nicht nur sinnlos; ohne diese Bestimmtheit, nur als vage Erbauung, ist es die verlogene Verdoppelung der allgemeinen Sinnlosigkeit, ist es Zuckerguss über dem Absurden. Dann lieber ohne Hoffnung!

Wo aber kamen Salz und Licht der ersten Christen her? Paulus wird nicht müde, auf den einen Punkt zu verweisen, an dem die extreme Sinnlosigkeitserfahrung der Jünger in absolute Sinngewissheit umkippte: die Auferweckung Christi. Für Paulus, den spät Dazugekommenen, steht und fällt das ganze Getriebe des *neuen Weges*, das sich innerhalb weniger Jahre über den halben Erdkreis verbreitet hatte, mit einem einzigen Punkt: der wirklichen, realen Auferweckung Christi.

In Jesus hatten Menschen ja erfahren, dass Gott bei ihnen angekommen war. Mit Jesus in Verbindung zu sein, von ihm berührt, geheilt, belehrt und begnadigt zu werden, hieß: Das volle, das göttliche Leben haben. Als Jesus dann aber als Verbrecher scheiterte, brach für die Jünger eine Welt und ein Sinngefüge zusammen. Sie hätten mit der Hand ein Schild malen können, ähnlich dem auf dem alten Traktor: »Ohne Gott ist alles sinnlos«. Mit Jesu Tod starb auch der Gott, den Jesus durch Wunder und Zeichen so kraftvoll, ja scheinbar unwiderleglich, als den wahren Gott erwiesen hatte.

Darum sind die Zeugen so überaus wichtig, die Jesus nach seinem Tod als Lebenden erfuhren, und das eigentlich bis heute. Das ist der Sinnrahmen der christlichen Hoffnung. Ist Jesus auferstanden, so ist das Leben grundsätzlich sinnvoll. Grundsätzlich sinnlos wäre dieses Leben, hätte Rilke recht mit seinem Gedicht von 1934: »Der Tod ist groß. / Wir sind die Seinen / lachenden Munds. / Wenn wir uns mitten im Leben meinen, / wagt er zu weinen / mitten in uns.« Schon Petrus beglaubigt sich zentral mit der gegenläufigen empirischen Erfahrung: »... die wir mit ihm gegessen und getrunken haben, nachdem er auferstanden war von den Toten.« (Apg 10,41).

Jesus lebt – diese irritierende Aussage ist auch für den Mann, der neben Petrus einmal der Garant der Ausbreitung des Christentums werden sollte, zunächst eine unglaubliche Spinnerei und absurde Lüge. Ja, mehr noch; es ist ein Frevel an dem, was dem Judentum Sinn und Halt gibt – dem Gesetz: »Ihr habt doch gehört, wie ich früher als gesetzestreuer Jude gelebt habe, und wisst, wie maßlos ich die Kirche Gottes verfolgte und zu vernichten suchte. In der Treue zum jüdischen Gesetz übertraf ich die meisten Altersgenossen in meinem Volk, und mit dem größten Eifer setzte ich mich für die Überlieferungen meiner Väter ein.« (Gal 1,13–14). Wahrscheinlich klebte Blut an den Händen dieses Saulus, als er durch eine plötzliche Offenbarung vom Pferd geworfen wurde, um Jesus als einen Lebenden zu erfahren. So kann schließlich auch Saulus/Paulus glaubhaft bezeugen: »Ich erkläre euch, Brüder: Das Evangelium, das ich verkündigt habe, stammt nicht von Menschen; ich habe es ja nicht von einem Menschen übernommen oder gelernt, sondern durch die Offenbarung Jesu Christi empfangen.«

Darum wäre es der brutale Rückfall in die alte Sinnlosigkeit, wenn über diesen Punkt nicht absolute Gewissheit herrschen würde: »Ist aber Christus nicht auferweckt worden, dann ist unsere Verkündigung leer und euer Glaube sinnlos. … Wenn wir unsere Hoffnung nur in diesem Leben auf Christus gesetzt haben, sind wir erbärmlicher daran als alle anderen Menschen.« (1 Kor 15,14.19).

Die ersten Christen fühlten sich tief eingelassen in eine sinnvolle Wirklichkeit. Einen Satz, wie den von Michel Foucault (1926–1984): »Wir dürfen nicht meinen, dass uns die Welt ein lesbares Gesicht zuwendet«, hätten sie schlicht nicht verstanden. Sie, die als fromme Juden das »Angesicht Gottes suchten«, hatten erfahren, dass Gott sich in Jesus ein Gesicht gab, das alle Gesichter aller Menschen heiligte und das sie befähigte, »im Antlitz des anderen einen Bruder in der menschlichen Natur zu erkennen, kein Mittel, sondern ein Ziel, keinen Rivalen und keinen Feind, sondern ein anderes Ich, eine Facette des unendlichen Geheimnisses des menschlichen Wesens«, wie Papst Benedikt XVI. einmal sagte. Das sollte genügen, einen neuen Geist in die Welt zu bringen.

Heute aber steht der Satz »Ohne Gott ist alles sinnlos« wie ein Anachronismus in einer Welt, die jedes menschliche Maß verloren hat. Es ist, als ob die Welt zu groß geworden wäre für den Einzelnen. Dabei scheint dank Technik und Naturwissenschaft fast alles machbar, was dem Menschen dienen und die humane Entwicklung der Welt befördern könnte. Die Aufklärung, wie Kant sie beschrieb, »der Ausgang des Menschen aus seiner selbstverschuldeten Unmündigkeit«, der großangelegte Versuch des Humanismus, sich des eigenen Verstandes zu bedienen und die Dinge selbst in die Hand zu nehmen – er könnte an sein Ziel gelangt sein.

Real aber erleben immer mehr Menschen diese Erde als eine wie losgelassen rotierende Welt voll immer neuer, nie gekannter Varietäten der Gewalt, eine Welt, in der nicht mehr zu entscheiden ist, was globales Schicksal und was persönliche Schuld von Einzelnen ist. Die vermeintlich perfekten demokratischen Gesellschaften der westlichen Welt und ihre technischen Regelkreisläufe scheinen wie Kartenhäuser in sich zusammenzufallen: Finanz- und Sozialsysteme, Arbeit, Generativität, Rohstoffe – alles ist in fundamentale Unordnung geraten, läuft mit beängstigender Unwucht oder gleich ganz leer. Die Demokratien und ihr Herzstück, das Gemeinwohl, befinden sich im Zustand fortschreitender Erosion. Politiker sind ratlos; viele von ihnen schlagen sich in die Büsche. Bürger gehen nicht mehr zu den Wahlen. Die Politiker, die einige weniger werdende, verantwortlich denkende Menschen dennoch wählen, sind vielfach bezahlte Lobbyisten, die von der Staatskasse ein zweites Einkommen erhalten. Wofür stehen diese Politiker? »Wer nicht mehr für das Gemeinwohl kämpft«, stellt Jürgen Liminski lapidar fest, »der streitet nur noch für das Seinwohl und das Meinwohl.« Gerechtigkeit? Freiheit? Gemeinwohl? Nur Vokabeln. Nur Münzen ohne realen Gegenwert. Recht ist vielfach von seiner Naturrechtsbasis abgelöst und wird willkürlich gesetzt. Uns fehlen die Begriffe, um die Weltfinanzkrise ethisch zu bewerten. Ökonomen sprechen von der größten Umverteilung in der Geschichte der Menschheit. Die Volkswirtschaften ganzer Kontinente sind ruiniert. Die Plünderer ziehen weiter. Sie lassen die im

Elend zurück, die ihren Reichtum mehrten, jetzt aber »nichts mehr bringen«. Viele Menschen haben überhaupt keine Arbeit mehr, und die noch Arbeit haben, fühlen sich in den Burnout getrieben oder klagen auf andere Weise über die gnadenlose Ausbeutung ihrer persönlichen Reserven. Immer mehr junge Menschen sind ohne Aussicht auf einen Beruf, oder sie werden so schlecht bezahlt, dass sie keine Familie gründen können. Die Lebensangst junger Menschen lässt die Geburtenrate trotz aller flankierenden Maßnahmen von Jahr zu Jahr sinken. Es scheint mehr zu sein als Kulturpessimismus, wenn man Zwischenbilanz zieht und sagt: Eine Welt ohne Gott versinkt mit unaufhaltsamer Gewalt im selbstorganisierten Chaos. Es gibt noch ein paar schale Maximen, aber ihr Zynismus ist entlarvt: Alle dürfen alles. Keiner ist verantwortlich. Sieh zu, dass du deine Schäfchen ins Trockene bringst. Hatte nicht Joseph Kardinal Ratzinger in den Apriltagen vor der Papstwahl im Jahr 2005 von der »Diktatur des Relativismus« gesprochen, »die nichts als definitiv anerkennt und die als letztes Maß nur das eigene Ich und seine Gelüste gelten lässt«?

Die Krise der Systeme, die zuletzt eine Krise des Denkens, der Zerschlagung von Vernunft und Recht und Autorität ist, schlägt sich als Sinnkrise auf den Einzelnen nieder. Die »liberale Ironikerin« eines Richard Rorty schaut zu – bedauernd gewiss und voller Einfühlung. Sie weiß nicht, warum das Ungerechte ungerecht, die Lüge ein Verbrechen und das Gemeine ein Angriff auf die Würde des Menschen ist. Sie hat kein geistiges Rezept gegen den Verfall der Verhältnisse und des Menschen; sie verfügt nur über Tranquilizer gegen die Unruhe und therapeutische Gespräche gegen die Haltlosigkeit. Die »liberale Ironikerin« antwortet nur mit Tautologien auf die Sinnkrisen der Menschen: Wer nicht gebraucht wird, wird nicht gebraucht. Und wieder fahre ich an dem alten Traktor vorüber mit dem handgemalten Pappschild: »Ohne Gott ist alles sinnlos« …

In der Stille kehren immer mehr Menschen zum Glauben zurück, weil es vielleicht außerhalb seiner Grundannahmen wirklich keinen Halt gibt außer vielleicht Hosenträgern. Zwar ist der Satz: »Wenn ich wüsste, dass morgen der Jüngste Tag wäre, würde ich heute noch ein Apfelbäumchen pflanzen« wahrscheinlich nicht von Luther; er ist aber trotzdem geeignet, mitten in den planetaren Turbulenzen, ja mitten in tödlichen Bedrohungen, in Ruhe und Frieden Lust und Schmerz hintanzustellen und jenen Optionen nachzugehen, die größer sind als mein Wohlfühl-Ich. Bei den Zehn Geboten und der Bergpredigt ist nichts falsch zu machen. »Es ist dir gesagt worden, Mensch, was gut ist« (Mi 6,8) hat gewiss mehr Rationalität als die allgemein verordnete Introspektion, das Subjekt möge doch, statt sich – horribile dictu! – *etwas sagen zu lassen*, in sich fühlen, was gut für es ist. Da versagen Klein-Mia und -Max schon bei der Wahl zwischen Waldmeister und Schokosahne.

Wenn ich sagen sollte, warum mir die bewusste Entscheidung für christliche Religion plausibler, humaner, sinnvoller und rationaler erscheint als ihr Gegenteil, stehen zwei Gestalten vor mir, die jede für sich eine je eigene unmittelbare Evidenz haben: Richard Rortys Kunstfigur die »liberale

Ironikerin« und eine Gestalt, die im Glauben denkbar ist, der »verbindliche Mensch«. Ich möchte die Alternative zur liberalen Ironikerin personifizieren und gebe dem verbindlichen Menschen einen Namen. Für mich ist der *verbindliche Mensch* Anjezë Gonxhe Bojaxhiu, besser bekannt unter »Mutter Teresa von Kalkutta«.

Der Mensch, der unser Zeitalter und ihr geistiges Verhängnis am besten zur Anschauung bringt, ist Richard Rortys »liberale Ironikerin«. Rorty versuchte darin, die Utopie einer menschlichen Haltung zu beschreiben, die sich jenseits der Möglichkeit von Gewissheiten in der Welt geistig orientiert. Dass Rorty für seine philosophische Inkorporation ausgerechnet eine Frau auswählte, weil Frauen geübter in der Kunst seien, etwas mit Überzeugung vorzutragen, wofür es keine Gründe gäbe, mag ein Gag des humorvollen Mannes gewesen sein, es sagt aber schon etwas über den Unernst einer Philosophie ohne Wahrheitsanspruch aus, eine Philosophie, die sich gewissermaßen spielerisch in den Kältezonen von Nietzsches neuer Heiterkeit (Morgenröte 567: »Wir müssen die Dinge lustiger nehmen, als sie es verdienen; zumal wir sie lange Zeit ernster genommen haben, als sie es verdienen.«) bewegt. Die *liberale Ironikerin* scheut Verbindlichkeit. Sie hat ein vieldeutiges Lächeln auf den Lippen. Was immer sie sagt, ist vorläufig. Von Dingen, die sie in Sätze bringt, weiß sie, dass sie zufällige Produkte bestimmter kultureller Umstände sind, die gleich viel oder wenig wert sind wie andere Sätze aus anderen Zufällen. Wahrheiten entstehen in Sprachspielen und Lebensformen. Weltanschauungen kann man erproben und wieder verwerfen, wenn sie nicht weiterhelfen. Die *liberale Ironikerin* ist ironisch, aber nie zynisch, denn sie lebt aus den Gewissheiten von Lust und Schmerz. Grausamkeiten kann sie nicht anschauen. Sie passen nicht in ihre im Grunde genommen ästhetische Existenz. So führt ihr Mitfühlen zu solidarischem Handeln.

Das Gegenteil der *liberalen Ironikerin* ist der *verbindliche Mensch*. Verbindlichkeit ist ein vorzügliches Kennzeichen von Religion. Während sich die *liberale Ironikerin* von allen festen Aussagen wie überhaupt von allen Bindungen befreit, ist Religion in seinem Kern Freiheit, die sich bindet. Religion legt sich fest: dieser Ort, dieser Gott, dieser Weg. Religion sucht die Gestalt, den Ritus, die Regel. Sie will Gebote beachten, die Hände falten, die Knie beugen, die Augen erheben. Sie sucht die klare Form und das öffentliche Bekenntnis in Wort und Gestus, die im Gegenzug freilich jenen zum Vorwurf werden, die mit Herz und Verstand bei sich sind und nirgendwo anders. Wer die Inhalte des Glaubens verlassen hat, hasst seine Manifestationen. Warum Mutter Teresa für mich der *verbindliche Mensch* ist, schildere ich im nächsten Kapitel.

Lieber Hosenträger

als gar keinen Halt

im Leben

Was ist eigentlich »Sinn«?

Was meinem wir, wenn wir von etwas sagen, es sei »sinnvoll«? Nehmen wir einige Sätze, in denen das Wort »Sinn« gebraucht wird: »Rom zu sehen, war der eigentliche *Sinn* unserer Reise«, »Ich verstehe den *Sinn* deines Tuns nicht«, »Seit meine Frau tot ist, sehe ich keinen *Sinn* mehr in meinem Leben«, »Ich verschenke nur *sinnvolle* Dinge«. Wann immer wir das Wort »Sinn« gebrauchen, verbinden wir eine logische Aussage mit einem Werturteil. Wir gehen also davon aus, dass eine bestimmte Wirklichkeit oder ein bestimmtes Tun einen guten Zweck in sich hat, dass die Gutheit dieses Zwecks erkannt werden kann und dass es allgemein kommunizierbar ist, also auch von anderen verstanden werden kann. Wenn Nietzsche recht hat und weder »Gut« noch »Böse« an sich existiert, wenn das Gute auf Konventionen basiert und das Böse aus Gründen der Selbsterhaltung da ist, so kann man in der Tat keine Werturteile mehr fällen, die Rede vom Sinn eines Tuns oder der Sinnhaltigkeit der Wirklichkeit wäre eine leere Rede. Dann hätte Nietzsche recht, wenn er sagt: »Ist gut vielleicht böse? Und Gott nur eine Erfindung und Feinheit des Teufels? Ist alles vielleicht im letzten Grunde falsch? Und wenn wir Betrogene sind, sind wir nicht eben dadurch auch Betrüger? Müssen wir nicht auch Betrüger sein?«

Wir könnten dann ein Kind sehen, das ertrinkt, wir würden dieses Kind auch retten, weil uns vielleicht ein spontanes, irrationales Gefühl des Mitleids ergreift, aber wir könnten nicht mehr sagen, dass es *absolut sinnvoll* sei, dieses Kind, koste es, was es wolle, vor dem Tod zu retten. Es hängt also alles an der Frage, ob wir intuitiv wissen können, dass etwas absolut gut ist und dass dieses absolut Gute unbedingt und von jedermann zu vollbringen ist, auch und gerade dann, wenn uns kein Gefühl des Mitleids sagt, dass dieses Kind jetzt unter allen Umständen gerettet werden muss. Diese Fragen sind keine Begriffsklauberei, denn die *Psychologie*, in die uns Nietzsche einsperrt, ist es, die uns fortlaufend betrügt. Man denke nur an die Frage des sogenannten lebensunwerten Lebens. Während uns die Psychologie im Fall des ertrinkenden Kindes hilfreich zur Seite springt, verlässt sie uns in Grenzfällen behinderten oder noch nicht geborenen oder dementen Lebens. Wir versagen ihm den Schutz (und vielfach konkret das Leben), weil wir von der Annahme ausgehen, dieses Wesen da empfinde doch nichts, deshalb könne man es auch wegmachen. Dass das Leben des anderen einen Sinn (= eine gute Vernunft) in sich haben könnte, kommt nicht in den Blick. Die philosophische Schule der Phänomenologie (Husserl, Scheler, Reinach, von Hildebrand) hat sich Anfang des 20. Jahrhunderts genau mit dieser Frage befasst. Gelingt es uns, an die Wirklichkeit heranzukommen, an das wahre Wesen der Dinge, und zwar mit absolut sicherer Erkenntnis? Oder bleiben wir nur bei den Spiegelungen, die unsere sinnliche Erfahrung im Subjekt hervorruft? Die Antwort ist: Ja, es gibt ein intuitives Werterfassen, ein Wertsehen und Wertfühlen, in dem die Wirklichkeit mit gebieterischer Stimme zu uns spricht, noch bevor wir das Denken einschalten, Theorien darüber bilden und Begriffe dafür finden. Es ist sogar der Kern unserer Sittlichkeit, also unseres Gutseins. Es ist kein »Betrug«, wenn uns das ertrinkende Kind anschreit, es zu retten. Wir werden im Kern unserer Person angesprochen. Unser Herz drängt uns zum Handeln. Unser Wille wird gebieterisch in Dienst genommen. Unser Denken sucht wie von selbst nach den Mitteln geeigneter Hilfe. Etwas, das in sich selbst wichtig und von Bedeutung ist, setzt uns in Bewegung.

Das genau ist der Punkt, an dem die modische Wertedebatte Farbe bekennen muss. Diese Rede ist das Papier nicht wert, auf dem sie gedruckt wird, wenn Werte bloß diskursiv vereinbarte Konventionen (Nietzsche würde sagen: »Betrug«) sind, statt dass sie uns als imperativische Forderungen förmlich anschreien, weil sie aus den Dingen unmittelbar hervorgehen, wenn wir sie nur unmittelbar wahrnehmen. Ja, Ernst Wolfgang Böckenförde hat recht: »Der freiheitliche, säkularisierte Staat lebt von Voraussetzungen, die er selbst nicht garantieren kann.« Aber was sind diese Voraussetzungen? Es sind die Werte, die »da« sind, bevor sie logisch begründet und mehrheitlich vereinbart werden, ein Spiel, das übrigens niemals zum Ziel kommt.

Um noch ein Beispiel zu bringen: Die Welt schmolz hin, als sie gewahr wurde, dass eine Ordensfrau in Indien Sterbende aus dem Rinnstein auflas, um sie in den letzten Stunden ihres Daseins mit Liebe zu umsorgen. Die Evidenz dieses Tuns leuchtete unmittelbar ein. Kein Mensch missverstand das als Marotte einer Verrückten. Niemand stellte den strahlenden Sinn ihres Tuns in Frage. War das nun ein kollektiver Sündenfall des Gefühls? Oder war das etwas, was eigentlich und in Wahrheit und von jedermann immer und überall zu tun wäre, wären wir nicht mit Blindheit geschlagen und mit Hartherzigkeit gepanzert? Zugunsten der Menschheit nehme ich an: Nein, so war es nicht. Was Mutter Teresa tat, war ein Wertsehen, Wertfühlen und

Werthandeln in höchster Klarheit, das den Rest der Welt in seiner Zuschauerrolle blamierte. Sie gehorchte dem Anruf einer Wirklichkeit. Sie zeigte sich als der *verbindliche Mensch*, gegen den Richard Rortys *liberale Ironikerin* schlicht im Unrecht war, ist und immer sein wird. Auch das kann man *fühlen*, bevor man ans Nachdenken kommt.

Einen Sinn annehmen heißt also verbindlich werden gegenüber dem, was uns unmittelbar von Wesen, Wert und Bedeutung der Dinge her anruft. Der sinnvoll lebende Mensch ist damit der *gerechte* Mensch, der Mensch, der sich, seiner Mitwelt und den Personen, denen er begegnet, gerecht wird. Ich habe immer die berühmt gewordene Fotografie vor Augen, auf der sich Mutter Teresa zu einem Sterbenden herabbeugt. Sie lächelt und der Mann lächelt. Was für ein Unfug, denke ich, dass Michel Foucault meinte, die Welt wende uns kein lesbares Gesicht zu. In der Verbundenheit von Mutter Teresa mit dem Sterbenden leuchtet eine geradezu brennende Präsenz von Sinn auf. Wüsste ich, dass nichts sinnvoll ist auf dieser Welt, so wäre dieser eine, fotografisch festgehaltene Moment der Durchbruch des Sinnvollen in der Welt. Wer immer sehen und fühlen kann, wird in meine Gewissheit einstimmen: Dieses hier ist absolut sinnvoll.

Es ist übrigens keine Randnotiz, dass der Inbegriff des *verbindlichen Menschen*, wie er mir in Mutter Teresa geschenkt wurde, im Raum des christlichen Glaubens auftaucht. Wäre es nur Mitgefühl, das sie bewegte, der Mann bliebe ein in die Verwesung übergehende Zellakkumulation, der man besser die Todesspritze als ein Lächeln schenkte. Mutter Teresa aber weiß, dass ihr unabweisbares Gefühl von Liebe für diesen Sterbenden in der Tiefe mit etwas korrespondiert, das menschlich unerfindlich ist: die Identifikation Gottes selbst mit dem geringsten Menschen. Aus den Augen des Menschen in tiefster Not spricht die Sehnsucht Gottes, geliebt zu werden. »Die Liebe«, heißt es im ersten Korintherbrief, »hört niemals auf.«

Lieber Hosenträger

als gar keinen Halt

im Leben

Der verbindliche Mensch oder 13 andere Methoden, den Sinn des Lebens zu finden

Mutter Teresa wurde am 27. August 1910 in Skopje in Mazedonien geboren. Vom Tod ihres Vaters bewegt, der starb, als sie neun Jahre alt war, fand sie schon früh zu einer religiösen Einstellung, die sich im Wunsch niederschlug, Gott ihr Leben zu schenken. Mit 18 Jahren wurde sie »verbindlich«: Sie bewarb sich als Loretoschwester, wurde angenommen und erhielt in Irland eine Ausbildung als Missionarin; ein Jahr später kam sie bereits nach Indien. Das englische Wort »engaged« hat eine tiefere Bedeutung als das deutsche »engagiert«; es heißt nämlich gleichzeitig: beschäftigt, verlobt, unabkömmlich, verpflichtet. Robert Spaemann sagt: »Das Verhältnis des Menschen zum Absoluten *engagiert den Menschen in der Tiefe*. Es definiert seine Identität noch tiefer als die Zugehörigkeit zu einer Nation. Es verbindet sich deshalb mit allem, was seine Identität ausmacht, mit Kindheitserinnerungen, Familienzugehörigkeit …« So war es auch bei Mutter Teresa. Denn sosehr Mutter Teresa ihrer Familie und ihrem Heimatland zugetan blieb, so vorbehaltlos baute sie ihr Leben doch zunächst auf eine absolute Verbindung, in der alle anderen Bindungen ihr Recht und ihren Rang empfingen. Wenn man Mutter Teresa wieder einmal für ein Land vereinnahmen wollte, pflegte sie zu sagen: »Der Geburt nach bin ich Albanerin, der Staatsangehörigkeit nach Inderin; ich bin eine katholische Schwester. Durch meine Mission gehöre ich der ganzen Welt, aber mein Herz gehört nur Jesus.«

In Kalkutta legte sie im Mai 1937 ihre endgültigen Gelübde ab und arbeitete als Lehrerin in einer Ordensschule für bengalische Mädchen, die direkt neben einem Armenviertel lag. Der Tag aber, von dem sie sagte, er sei »der wichtigste Tag in meinem ganzen Leben gewesen«, kam erst ein halbes Jahr später. Am 10. September 1937 fuhr sie vom heißen Kalkutta ins kühle Darjeeling zu einer Retraite.

Während der Zugreise und während sie in der Heiligen Schrift las, überfiel sie ein Gefühl der unmittelbaren Gegenwart Gottes, das sich in den Tagen darauf noch verdichtete und in einer lebenslangen Beziehung zwischen der jungen Schwester und Jesus mündete, in der Mutter Teresa den Auftrag erhielt, von dem sie nicht wusste, wie weit er sie führen würde. Die junge Schwester hatte im Überschwang der Liebe gebetet, er, der Herr möge ihr doch etwas schenken, was noch nie zuvor einem Menschen geschenkt worden war, einen Sinn ihres Lebens, eine Bestimmung. Sie wurde erhört – vielmehr hörte sie den Wunsch Jesu, sie möge ihn doch begleiten in die »Drecklöcher« der Armen. Mutter Teresa stieg in der Folge wirklich in die Drecklöcher der Allerärmsten, pflegte Leprakranke, sammelte halbverhungerte Kinder um sich, las Sterbende aus dem Rinnstein auf und wurde die Begründerin von Sterbehäusern, Kinderheimen, Armenküchen, Waisenhäusern und Aids-Pflegestationen, wofür sie zu Recht mit dem Friedensnobelpreis und der Seligsprechung ausgezeichnet wurde.

Was für ein sinnvolles Leben! – ist man versucht zu sagen. Wie soll man aber verstehen, dass zur selben Zeit, in der die Projekte Mutter Teresas wie von wunderbarer Hand gesteuert aufblühten und ungezählte Menschen durch sie Liebe und Hoffnung erfuhren, Teresa von einer tiefen Nacht der Abwesenheit Gottes heimgesucht wurde. Ihre Umgebung merkte nichts davon. Sie betete Stunde um Stunde, monatelang, jahrelang, jahrzehntelang in die Nacht hinein. Doch strahlte sie, ungeachtet der permanenten Erfahrung von Kälte in ihrer Seele, Liebe aus – und zwar Liebe ohne Ende; sie machte andere glücklich, um selbst erst sehr spät und nach einer horrenden persönlichen Leidensgeschichte eine Sinndeutung zu erfahren, warum ihr »Bräutigam« Jesus ihr das, ausgerechnet das, angetan hatte, dieses Alleingelassenwerden nach so viel süßer, handgreiflich erlebter Nähe, damals in den schönen Tagen von Darjeeling, im Frühherbst des Jahres 1937. Eines Tages, als alte Frau erst, verstand sie: Weil er, der am Kreuz das »Mein Gott, mein Gott, warum hast du mich verlassen« von Psalm 22 gesprochen hatte, sie, seine »Braut«, jetzt mitnahm in die Gottverlassenheit *ihrer* Zeit, in die Gottverlassenheit des grausamsten Jahrhunderts seit Bestehen der Welt.

Das war also das besondere Geschenk, das Mutter Teresa erhielt, als sie Jesus gebeten hatte, er möge ihr doch etwas schenken, was noch zuvor einem anderen Menschen geschenkt worden war. Mutter Teresa, könnte man sagen, hatte eine immense, ja eine geradezu monströse Sinnkrise. Aber erst dieses in niemals endendem Vertrauen auf die wirkliche Gegenwart des unsichtbaren Gottes durchgetragene Nichtverstehen machte Mutter Teresa noch einmal zu mehr als der größten sozialen Heldin ihrer Zeit. Dass sie ihre Verbindlichkeit zu Gott auch in der Nacht ihrer Seele nicht aufkündigte, bringt Mutter Teresa posthum noch allen Menschen nahe, die sich heute *absolut verlassen* (im metaphysischen Sinn des Wortes) vorkommen und von keinen psychischen oder geistigen Tröstungen und keinen sozialen Hilfen mehr erreicht werden.

In dreizehn kurzen Schlaglichtern und mit dreizehn Einsichten von Mutter Teresa möchte ich nun sagen, warum es absolut sinnvoll, wenn auch nicht immer im vordergründigen Sinn befriedigend ist, wenn man aus der ironischen Distanz heraustritt und ein *verbindlicher Mensch* wird.

1 Der Sinn des Lebens wird uns gesagt

Nicht unsere Optionen sind der entscheidende Faktor für ein sinnvolles Leben. Glauben heißt, aus dem Willen Gottes heraus zu leben. Was dieser Wille ist, wird uns mitgeteilt. Wir erfahren es bei der Lektüre der Heiligen Schrift, beim Gebet, in der Begegnung mit anderen Menschen, vor allem aber, in dem Stilleschaffen in unserem Leben, damit Gott uns auf seine Weise entgegenkommen kann. Mutter Teresa sagt: »Die Stille lässt uns alles auf neue Weise sehen. Wir brauchen Stille, um Seelen anrühren zu können. Nicht was wir sagen, ist wesentlich, sondern was Gott zu uns und durch uns sagt. Jesus wartet in der Stille immer auf uns.«

2 Gott gebraucht uns zu sinnvollen Dingen

Es liegt nicht an uns, ob unser Leben sinnvoll und schön verlaufen wird. Andere Faktoren spielen mit; wir haben Worte wie Zufall und Schicksal dafür. Ein Christ legt diese nicht planbare Dimension seines Lebens in die Hände Gottes – damit durch seine Gnade und mein Mittun etwas Gutes aus meinem Leben wird. Das ist auch der Sinn des Gebetes: »Mein Gott, mache mich zu einem Werkzeug deines Friedens …« Je tiefer einer Christ wird, desto tiefer wünscht er sich, von Gott in Dienst genommen zu werden. Mutter Teresa schrieb einmal: »Ich bin nur ein kleiner Bleistift in der Hand unseres Herrn. Er mag den Bleistift schneiden oder schärfen. Er mag schreiben oder zeichnen, was und wo immer er will. Wenn das Geschriebene oder eine Zeichnung gut ist, würdigen wir nicht den Bleistift oder das benutzte Material, sondern denjenigen, der es benutzt hat. Alles Lob und alle Herrlichkeit des Herrn also dem Herrn, unseren Gott, auf immer und ewig!« Dabei können wir sicher sein, dass Gott unser Leben nicht zweckentfremdet. Er will das, was wir nur wollen können, wenn wir unsere Bestimmung verstehen könnten, wenn wir wirklich wüssten, was wir im Allerinnersten wollen. Auch Not und Bedrängnis ändern nichts an Gottes Beistand in unseren Angelegenheiten. Mutter Teresa sagt: »Vertrauen auf die göttliche Vorsehung ist der feste, lebendige Glaube, dass Gott uns helfen kann und helfen wird. Dass er uns helfen kann, ist offenkundig, denn er ist allmächtig. Dass er uns helfen wird, ist sicher, weil er es an vielen Stellen der Heiligen Schrift versprochen hat und all seine Versprechen treu hält.«

3 Der Sinn des Lebens ist Liebe – sonst nichts

Mutter Teresa konnte die Menschen ab einem bestimmten Punkt ihrer spirituellen Entwicklung nicht mehr anders ansehen als aus dem Blickwinkel Gottes. Wenn Gott Liebe ist, dann will er sich dem Menschen schenken. Und wenn er sich schenkt, dann gibt er nie weniger als sich selbst. Das wertet den Menschen unendlich auf. Mutter Teresa konnte es überhaupt nicht verstehen, wie Menschen nur klein von sich denken konnten: »Wir müssen uns bewusst sein, dass wir für etwas Großes geschaffen sind, nicht dafür, eine Nummer in der Welt zu sein, und auch nicht dafür, akademische Grade und Titel zu erwerben oder diese oder jene Arbeit zu tun. Wir sind geschaffen, um zu lieben und geliebt zu werden.« Obwohl Mutter Teresa ein gigantisches Arbeitspensum absolvierte, war sie der erklärte Feind jeder Leistungsethik. »Gott sieht nur die Liebe. Wir können uns in der Arbeit abmühen bis zum Umfallen; wenn unsere Arbeit nicht mit Liebe durchwoben ist, ist sie unnütz. Gott braucht unsere Arbeit nicht.« Zugleich war Mutter Teresa Realistin. Sie wusste sehr genau, dass kein Wort auf der Erde so missbraucht ist wie das Wort Liebe. Sie stellte sich irdische Liebe auch überhaupt nicht romantisch vor: »Liebe kann für selbstsüchtige Zwecke missbraucht werden. Ich liebe jemanden, aber gleichzeitig möchte ich von ihm so viel wie möglich haben, selbst Dinge, die zu nehmen mir nicht ansteht. Dann ist das keine wahre Liebe mehr. Wahre Liebe tut weh. Sie muss immer weh tun. Es muss schmerzlich sein, jemanden zu lieben; schmerzhaft, ihn zu verlassen, man möchte für ihn sterben. Wenn Menschen heiraten, müssen sie alles aufgeben, um einander zu lieben. Die Mutter, die einem Kind das Leben schenkt, leidet viel … Das Wort ›Liebe‹ ist so missverstanden und so missbraucht.«

4 Wenn Gott gibt und wenn er nimmt, ist es immer sinnvoll

Mutter Teresa verwechselte Gott nicht mit einer Wunscherfüllungsmaschine. An einem bestimmten Punkt hatte sie aufgehört, ihr Leben zu »führen« (Georges Bernanos: »Ich bilde mir nicht ein, mein Leben zu führen. Niemand außer den Heiligen hat je sein Leben geführt. Jedes Leben steht unter den Zeichen der Gier und der Furcht, es sei denn, es stünde unter dem Zeichen der Liebe.«). Freiheit bestand für sie darin, in Liebe zu geben und dabei noch aus ganzem Herzen lächeln zu können. So frei wollte sie sein. Ihrer Nachwelt ist Mutter Teresa zwar als selbstloser, aber doch als hochorigineller, gar nicht schattenhafter Mensch erschienen. Liebe war für Mutter Teresa: sich ganz im anderen zu verlieren, um sich eben in ihm wiederzufinden. Diese Liebe suchte sie bedingungslos, auch wenn sie vordergründig in Dunkelheit und Scheitern führen mochte: »Völlige Selbstaufgabe bedeutet, mit einem Lächeln das zu akzeptieren, was er gibt und was er nimmt. Es ist das Akzeptieren, dass man in Stücke gerissen wird und jedes Stück noch ihm gehört. Wir müssen Leere hinnehmen, zerbrochen zu werden, Erfolg und Fehlschlag hinnehmen. Zu geben, was immer verlangt wird – und wenn es dein guter Name oder deine Gesundheit ist – das ist Selbstaufgabe, und dann bist du frei.«

5 Der Sinn des Lebens ist konkret

Oft ist Mutter Teresa nach den politischen und gesellschaftlichen Strukturen gefragt worden. Ob sie nicht sehe, dass man dieses Unrecht beseitigen müsse, und ob das nicht weitaus effizienter wäre, als einen Sterbenden aus dem Rinnstein zu holen. Das sei doch immer nur ein Tropfen auf dem heißen Stein! Mutter Teresa hatte durchaus eine Meinung dazu, aber sie äußerte sie nur in den seltensten Fällen. Anders als die Marxisten, die den einzelnen Menschen übersahen, um eines Tages zu einer Utopie einer gerechten Gesellschaft zu gelangen, sah Mutter Teresa immer nur den einen Menschen da, als gäbe es nur ihn auf der Welt. Sie sah den Nächsten als die allerwichtigste Person, sah ihren Sinn darin, ihm aus Liebe gerecht zu werden, und so lehrte sie es auch ihre Schwestern: »Wir sorgen uns um eine Person und nicht um eine Mehrheit. Wir suchen den Menschen, mit dem Jesus sich selbst identifizierte, wenn er sagte: ›Ich war hungrig. Ich war krank.‹ Würden wir das Problem allgemeiner betrachten, dann hätten wir kaum den Mut, etwas zu unternehmen.« Politiker und Journalisten, die in ihr am liebsten einen weiblichen Gandhi gesehen hätten, beschied sie: »Do not wait for leaders; do it alone, person to person.«

6 Glück ist: andere glücklich machen

Ob Mutter Teresa wirklich glücklich war, wissen wir nicht. Es scheint, dass es eine Mischung aus tiefer Freude und äußerstem Leid war, was sich in ihrer Seele abspielte. Zu sehr litt sie unter der Ferne ihres geliebten Jesus. Aber was wir sicher wissen, dass sich Mutter Teresa von niemandem darin übertreffen ließ, andere glücklich zu machen. Eine deutsche Besucherin, die eines Tages mit Hilfsgütern zu Mutter Teresa kam, erzählte mir, die Heilige habe sie in einen Nebenraum geführt, um ihr stundenlang all die kleinen Herrlichkeiten zu zeigen, die sie für ein bettelarmes Mädchen zusammengetragen hatte: »Stellen Sie sich vor! Sie heiratet doch morgen!« Als die Besucherin sich zum Gehen abwandte, nahm sie Mutter Teresa mit in einen weiteren Nebenraum: »Aber sie hat doch auch noch einen Bräutigam! Schauen Sie, was ich für ihn habe!« Diesen Geist schärfte sie auch ihren Schwestern ein: »Wir werden nie wissen, wie viel Gutes ein einfaches Lächeln vollbringen kann. Wir sprechen von unserem guten, gütigen und verständnisvollen Gott. Sind wir der lebende Beweis dafür? Es sollte niemals jemand zu dir kommen, ohne dass er dich glücklicher verlässt und es ihm bessergeht.«

7 Das absolut Sinnvolle ist größer als ich

Der Punkt, an dem sich Mutter Teresa am signifikantesten von der *liberalen Ironikerin* unterschied, war die Gewissheit, mit der sie Grund, Quelle, Halt und Ziel ihres Lebens höher schätzte als sich selbst. »Ich wäre«, sagte sie einmal, »eher bereit, mein Leben herzugeben als meinen Glauben.« Nicht unsere Überzeugungen sind kontingent (= endlich, zufällig), der Mensch selbst ist es. Er könnte sein oder auch nicht. Er ist nur da, weil Gott es so will. Gott ist wichtiger als der Mensch. Weil er mich wichtig nimmt, darf ich mir selbst wichtig sein. Auch Mutter Teresa kannte den Zweifel – nicht um sich wie Descartes über das Denken Gewissheit zu verschaffen. Mutter Teresa zweifelte an sich selbst, um über einen »Ich-werde-geliebt,-also-bin-ich«-Stand Gewissheit zu erlangen.

8 Sinn zeigt sich in vertrauender Kooperation mit Gott

Für Mutter Teresa wäre es eine absurde Vorstellung gewesen, Menschen müssten Sinn stiften, indem sie bestimmten Handlungen eine besondere Bedeutung beimessen. »Wir tun alles, so gut wir können. Alles weitere überlassen wir Gott.« Dass sie einem höheren Sinn folgte, entdeckte Mutter Teresa immer dann, wenn sie alles ihr Mögliche getan hatte, dann aber bis zur Verwegenheit auf Gottes Kooperation vertraute. So sagte sie immer wieder (und handelte auch so): »Ich denke nie über Geld nach. Es kommt stets. Der Herr schickt es uns. Wir tun sein Werk, er sorgt für die Mittel. Wenn er sie uns nicht gibt, dann bedeutet das, dass er das Werk nicht wünscht. Wozu sich da aufregen?« Kam einmal kein Geld, wusste sie: Gott wollte das nicht. Sie pfiff das Projekt sofort ab. Wenn sie den Eindruck hatte, jemand pfuschte Gott ins Handwerk (etwa wenn jemand sich übermäßig anstrengte oder seinem eigenen Tun eine übergroße Bedeutung zumaß), konnte sie sehr bestimmt werden: »Jesus wird Großes mit euch tun, wenn ihr ihn wirken lasst und ihn nicht dabei stört. Wir stören Gottes Pläne, wenn wir etwas durchsetzen wollen, das uns nicht ansteht.«

9 Sinn wird entdeckt, nicht gemacht

Die jungen Frauen, die zu Mutter Teresa kamen, erwartete ein hartes Leben im Dienst an den Ärmsten der Armen. Zusätzlich zu dem ohnehin schon harten Alltag legte ihnen Mutter Teresa auch noch ein stundenlanges Gebetspensum auf. Sie tat es nicht, um ihre Schwestern zu quälen, sondern um ihnen die Quellen aufzuschließen, die man braucht, um ganz weite Wege gehen zu können. Sie sagte: »Die Menschen hungern nach dem Wort Gottes, das Frieden, Einheit und Freude schenkt. Aber ihr könnt nicht geben, was ihr nicht habt. Deshalb ist es notwendig, das Gebetsleben zu vertiefen. Lasst euch von Jesus ergreifen, lasst ihn mit euch und durch euch beten. Dann werdet ihr wahrhaft kontemplative Menschen mitten in der Welt sein.«

10 Die sinnvolle Welt beginnt im Kleinen

Hätte der Filmemacher Malcolm Mudgeridge Mutter Teresa nicht zufällig entdeckt und in Amerika und Europa bekannt gemacht, hätte die Welt wohl niemals etwas von dieser Frau gehört. Mutter Teresa hatte zeitlebens eine große Lust am demütigen Vollbringen der kleinen Dinge, am Waschen oder Umbetten eines Kranken, am Schreiben eines Briefes oder an einem geschenkten Lächeln. Für sie waren das die Bausteine einer sinnvollen Welt. Sie hasste Konferenzen, internationale Absichtserklärungen und große Reden. Mit sanfter Gewalt musste ihr Papst Johannes Paul II. klarmachen, wie wichtig ihr Auftreten vor der UNO sei. Das Große verbrachte sie nur im Gehorsam, das Kleine machte ihr Freude. So erzog sie auch ihre jungen Schwestern: »Wir dürfen die niederen Arbeiten nicht scheuen, denn es ist die Arbeit, die niemand sonst tun will. Sie kann gar nicht gering genug sein. Wir sind so klein, und wir betrachten die Dinge im Kleinen. Gott aber, der allmächtig ist, sieht alles im Großen. Es sind kleine Dinge, die du tun kannst: einen Brief schreiben für einen Blinden oder einfach bei ihm sein und ihm zuhören, jemanden besuchen, jemandem Blumen bringen, für jemanden Kleider waschen oder das Haus putzen. Ganz einfache Arbeit, das ist es, was wir, du und ich, tun müssen. Es gibt viele, die Großes tun können, aber wenige, die die kleinen Dinge verrichten wollen.«

11 Arme sind näher am Sinn des Lebens

Was Erich Fromm in »Haben oder Sein« analysierte, dass nämlich der Mensch, der im Habenmodus lebt, arm wird, hat auch Mutter Teresa immer wieder gelehrt. Erich Fromm sagt: »In der Existenzweise des Habens findet der Mensch sein Glück in der Überlegenheit gegenüber anderen, in seinem Machtbewusstsein und in letzter Konsequenz in seiner Fähigkeit, zu erobern, zu rauben und zu töten. In der Existenzweise des Seins liegt es im Lieben, Teilen, Geben.« Mutter Teresa sagt es noch genauer und tiefer, nämlich in Hinsicht auf Gott, der seinen Habenmodus durchbrach, als er Welt und Mensch ins Sein rief: »Allen Jugendlichen möchte ich sagen: Öffnet euer Herz für die Liebe, die Gott euch geben will. Er liebt euch voller Zärtlichkeit. Er schenkt es euch, nichts für sich selbst aufzubewahren, sondern mit den anderen zu teilen. Je weniger ihr habt, desto mehr könnt ihr geben; je mehr ihr habt, desto weniger könnt ihr geben.«

12 Den Sinn des Lebens entdecken wir im Angesicht des Todes

Mutter Teresa war immer von der Erfahrung des Todes umgeben, vom frühen Tod des Vaters bis zu ihrer Arbeit in den Sterbehäusern. Es wäre ihr niemals eingefallen, Menschen eine Sinnperspektive unter Ausschluss des Todes aufzuzeigen. Mit großer Ehrfurcht begleitete sie Menschen in ihren Tod und sah nicht darauf, welcher Religion sie waren. Wer noch eine letzte Zigarette rauchen wollte, bekam eine Zigarette. »In jeder Religion«, lehrte Mutter Teresa, »gibt es eine Ewigkeit, ein Leben im Jenseits. Die Menschen, die sich vor dem Tod fürchten, glauben, er wäre das Ende. Ich habe nie erlebt, dass jemand, der die Liebe Gottes erfahren hatte, in Furcht gestorben ist. … Es geschieht dauernd, dass Menschen ganz plötzlich sterben, jeden Augenblick könnte es also auch uns treffen. Gestern ist vorbei, und morgen ist noch nicht da, wir müssen also jeden Tag so leben, als wäre er unser letzter, damit wir bereit sind, wenn Gott uns ruft, damit wir darauf vorbereitet sind, reinen Herzens zu sterben.«

13 Der Sinn ist etwas, in dem das Leben unendlich überschritten wird

Mutter Teresa war ein Mensch der Freundschaft. Eine besondere Verbindung hatte sie zu Frère Roger Schutz, dem Gründer der Bruderschaft von Taizé. Sie ist im Himmel bestimmt glücklich, ihm das letzte Wort in diesem Buch zu überlassen. Es ist eine gut begründete Vermutung. Und sie lautet: »Und wenn die Freude Gottes im Menschen der letzte Sinn des Lebens wäre?«

Literatur

Adler, Alfred: Der Sinn des Lebens (1933), Frankfurt/Main 1973

Adler, Alfred: Wozu leben? (1931), Frankfurt/Main 1979

Adorno, Theodor W.: Jargon der Eigentlichkeit, Frankfurt/ Main 1964

Balthasar, Hans Urs von: Die Wahrheit ist symphonisch, Einsiedeln 1972

Frankl, Viktor E.: Der Wille zum Sinn. Ausgewählte Vorträge über Logotherapie, München 1991

Frankl, Viktor E.: … trotzdem Ja zum Leben sagen. Ein Psychologe erlebt das Konzentrationslager, München 2002

Freud, Sigmund: Brief an Marie Bonaparte vom 13. August 1937, in: Freud, Sigmund: Briefe 1873–1939, Gesammelte Werke, Bd. 16, Frankfurt/Main 1960

Liminski, Jürgen: Erosion des Systems, in: Die Tagespost, Würzburg, 5. Juni 2010

Messner, Reinhold: Sinn machen in einer Welt ohne Sinn, Frankfurt/Main 2001

Meuser, Bernhard: Gottestherapie – Warum der christliche Glaube gesund macht, Ostfildern 1993

Mutter Teresa: Komm, sei mein Licht. Die geheimen Aufzeichnungen der Heiligen von Kalkutta, München 2008

Nayhaus, Dirk von: Weitere Fragen an das Leben. Interview mit Martin Suter, in: Chrismon 05/2010

Nietzsche, Friedrich: Also sprach Zarathustra, in: Sämtliche Werke, Kritische Studienausgabe in 15 Bänden, Sigle: KSA, hrsg. von Giorgio Colli und Mazzino Montinari, München und New York 1980

Nietzsche, Friedrich: Götzendämmerung oder Wie man mit dem

Hammer philosophiert, in: Sämtliche Werke, Kritische Studienausgabe in 15 Bänden, München und New York 1980
Nietzsche, Friedrich: Menschliches, Allzumenschliches, in: Sämtliche Werke, Kritische Studienausgabe in 15 Bänden, München und New York 1980
Rorty, Richard: Kontingenz, Ironie und Solidarität, Frankfurt/Main 1988
Spaemann, Robert: Das unsterbliche Gerücht. Die Frage nach Gott und der Aberglaube der Moderne, Stuttgart 2007
Spaemann, Robert: Der letzte Gottesbeweis, München 2008
Spaemann, Robert: Die europäische Kultur und der banale Nihilismus oder: Die Einheit von Mythos, Kult und Ethos, Rede im November 1991 in Rom vor dem Praesynodalen Symposium über Christentum und Kultur, veröffentlicht u. a. in: Umkehr, Februar 1993
Spaemann, Robert: Wirklichkeit als Anthropomorphismus, Rede vor der Bayerischen Akademie der Schönen Künste vom 8. Februar 2000
Werner, Michael: Überlebthaben ist das stärkste Gefühl der Welt, Interview mit Reinhold Messner in der Stuttgarter Zeitung vom 5. Mai 2008
Zarzycky, Stanislaw: Spiritualität des Herzens – Die philosophisch-theologischen Grundlagen bei Dietrich von Hildebrandt, München 2010

Register

Manfred Lütz

Lebenslust in unlustigen Zeiten

Lebenslust ist das beste Rezept für Glücksucher

Vorsicht vor Miesmachern, Fitnesspäpsten und Diätsadisten! Manfred Lütz weiß, wer auf die hört, jagt einer falschen Vorstellung von Gesundheit nach, vergisst dabei zu leben und macht sich nur unglücklich. Gerade in unlustigen Zeiten braucht es etwas Humor und Lebenslust. Deshalb plädiert der Autor für einen gelasseneren Umgang mit den körperlichen Unzulänglichkeiten und den kleinen Sorgen des Alltags.

Schon einmal hat Erfolgsautor Manfred Lütz über die Lebenslust geschrieben. Das war in vergleichbar lustigen Zeiten. Doch bliebe ein schaler Geschmack zurück, wenn sich die von Lütz propagierte Lebenslust nicht auch in unlustigen Zeiten praktizieren ließe. Daher legt der Kölner Arzt und Psychotherapeut nun nach. Lebenslust, so behauptet er, ist eine krisenfeste Tugend – wenn sie denn aus tieferen Quellen schöpft.

Bernhard Meuser

Beten, eine Sehnsucht

»Unsere Scheinwerfer scannen den Orbit: Schweigt das Universum? Oder ist da wer? Schweigen die Äonen? Oder ist der Ursprung aller Dinge ansprechbar? Das ist die Frage. Wir können bald Menschen züchten, aber beten können wir nicht – nicht mehr. Wir haben Namen für alles, nur der Name Gottes ist uns entfallen.« Bernhard Meuser beschreibt Beten als tiefste, gleichzeitig tiefstverschüttete Suchbewegung des Menschen: »Beten«, meint der der Autor von Christ sein für Einsteiger, »ist nur ein anderes Wort für das letzte Abenteuer, das dem Menschen geblieben ist, das Abenteuer des Absoluten, das Abenteuer der Hingabe.«

Beten – eine Sehnsucht ist ein wildes, kleines Buch über ein scheinbar langweiliges Thema. Dabei ist Beten alles andere als langweilig. Die interessantesten und ungewöhnlichsten Leute sprechen regelmäßig mit Gott. Naturwissenschaftler beten, Manager beten, Sportler beten, immer mehr junge Leute beten. Eine absterbende Kulturtechnik? Weit gefehlt! Beten ist »in«.

»Wenn man lernen möchten wie Beten geht,
gibt es kaum ein hilfreicheres Buch
als Bernhard Meusers ›Beten – eine Sehnsucht‹«
Prof. Dr. Edgar Korherr

PATTLOCH